1　黒塚古墳出土三角縁神獣鏡

2　黒塚古墳出土三角縁神人龍虎画像鏡（上）と鏡の出土状況（下）

3　鎏金画紋帯四獣鏡

4　箸墓古墳

三角縁神獣鏡・邪馬台国・倭国

石野博信
水野正好
西川寿勝［著］
岡本健一
野崎清孝
奈良歴史地理の会［監修］

新泉社

はじめに

三角縁神獣鏡は、卑弥呼が魏の皇帝から下賜された「銅鏡百枚」なのか、道教の思想とかかわりがあるのかなど、これまでさまざまに議論が重ねられ、邪馬台国の所在地とともにいまだ決着を見ていません。

戦後間もない頃、若き小林行雄氏は福岡県一貴山銚子塚古墳・大阪府紫金山古墳の調査で三角縁神獣鏡の大量埋葬の状況を目の当たりにし、また岡山県備前車塚古墳、京都府椿井大塚山古墳で発見された三角縁神獣鏡群にめぐり合い、両古墳の首長を核とする同笵鏡論・分有論・伝世論を展開しました。それは邪馬台国研究のみならず、古墳時代の歴史観に大きな影響を与えつづけました。

小林氏はさらなる大量副葬の古墳が発見されることを予測できなかったのでしょうか。小林氏の論を精読する限り、これ以上の大量副葬の古墳はないといった、自信が見受けられるようにも思えます。

小林氏が亡くなった一九八〇年代後半、中国社会科学院王仲殊氏によって三角縁神獣鏡の亡命工人製作説が発表されました。ほどなく、京都府広峯一五号墳から「景初四年」銘鏡が発見され、ふたたび、鏡をめぐって邪馬台国論争が燃え上がったのです。そして、一九九〇年代の後半、奈良県黒塚古墳から発見された大量の三角縁神獣鏡は、研究者や古代史ファンを震撼させました。

同時期に兵庫県権現山五一号墳・西求女塚古墳・滋賀県雪野山古墳・大阪府安満宮山古墳といった

古式の古墳から三角縁神獣鏡などが発見されたことにより、伝世の問題、仿製鏡の製作契機、三角縁神獣鏡製作の時間幅など、小林氏の仮説に矛盾するさまざまな成果も提示されました。

現在、資料とされる三角縁神獣鏡の蓄積は約五〇〇面にのぼりますが、ほとんどが明治以降、百年余りで集められた成果なのです。概観すると、現在も毎年一、二面の発掘例、発見例が増加しているように見受けられます。つまり、今後も三角縁神獣鏡の大量副葬の古墳が見つかったり、三角縁神獣鏡に関連する重大な成果が発掘される可能性は高いと考えられます。

近い将来、朝刊やテレビニュースで三角縁神獣鏡群の発見記事に突然遭遇することが、きっとあると思います。このような発見によって三角縁神獣鏡から見た勢力地図や歴史観が刷新されることが、やがて確実におこると考えています。そして、これまでの発見時の新聞・テレビに必ずといってよいほど、コメントを添えられていた水野先生、石野先生、岡本先生が本書で述べられた持論をもとに、発見資料を分析・評価されることでしょう。私も恐れずにいくつかの持論を展開してゆきたいと思います。

今後も増加するであろう三角縁神獣鏡の発見成果に対し、明快な説を提示している本書は「三角縁神獣鏡の行方」を占うものと考えます。

西川寿勝

目次

装幀　新谷雅宣

三角縁神獣鏡・邪馬台国・倭国

第一章　三角縁神獣鏡の副葬位置と年代——卑弥呼はかかわったか

石野博信

1　三角縁神獣鏡から何がわかるのか

激動の時代としての邪馬台国の時代

今回の課題は三角縁神獣鏡《さんかくえんしんじゅうきょう》という鏡を中心にした討論ですが、私は鏡をあまり勉強しておりません。鏡を専門にしております西川寿勝さんは、親指の先ほどの小さな鏡のかけらが出てきても、それが鏡の特色のある部分ならば「それはどこそこ古墳から出てきた何とか神獣鏡と同じ型で作ったものです」と言い当てるわけですね。私にはそんなことはできません。

それなのに私が三角縁神獣鏡に関する講演会に参加しました理由は、邪馬台国《やまたいこく》の時代、それに限らず弥生時代と古墳時代という二つの時代の境目が好きだからです。平安時代から鎌倉時代への境目や明治維新など時代の変わり目というところは、つねに激動しています。そういう激動の時期としての邪馬台国の時代に興味があるわけです。

卑弥呼はかかわったか

さて三角縁神獣鏡は、その激動の時期に中国から大量に船載された鏡だ、あるいは日本で大量につくられ鏡だと、これまでにもさまざまな論争があるわけです。そして、三角縁神獣鏡は卑弥呼《ひみこ》が中国に使いを送ったときにもらってきた鏡とする考えもあるわけです。

私は表題の下に「卑弥呼はかかわったか」というサブタイトルをつけました。水野正好さんは当然かかわった、とおっしゃるでしょう。私は本当にかかわったのだろうか、と疑問を投げかけさせていただきます。そういう違いで後半の討論が楽しみだろうと思います。

2　三角縁神獣鏡の副葬位置

大事でなかった三角縁神獣鏡

まず、三角縁神獣鏡について、鏡そのものの話ではなく鏡の扱われ方から、古墳時代の人たちがその鏡をどう意識していたのか、を考えます。次に、三角縁神獣鏡の製作年代ではなくて、消費年代について考えます。つまり、古墳に副葬される年代の二点にしぼって話をさせていただきたく思います。

例として、二つの有名な古墳をとりあげます。一つは奈良県天理市の黒塚《くろづか》古墳です。数年前に天理市教育委員会と奈良県立橿原考古学研究所が共同で発掘調査しました。全長が約一二〇メートルの大きな長突円墳です（**図１**）。

私は前方後円墳という名前はやめて長い突起のついた円墳、略称、長突円墳と呼ぼうと提案しています。大きな丸い塚に長い突起がついただけの墓です。そういう大きな塚から三角縁神獣鏡が三三面も出てきた。古墳の年代は調査機関では三世紀後半と発表しました。

もしそうだとしても、邪馬台国の卑弥呼の時代ではなく、そのあとの壱与《いよ》（台与《とよ》）の時代ということです。私はこの古墳墳丘の盛り土の中に二九〇～三一〇年くらいの布留《ふる》式土器が入っていましたので、古墳の完成はそれよりも少し後と考えます。黒塚古墳の年代をわりと新しく考える意見だと思います。

そこから、問題の三角縁神獣鏡がかなりたくさん出てきました。その上、三角縁神獣鏡の出てきた副葬位置について、発見当時から注目されました。

棺の中央の朱がある部分は遺体の置かれたところです。棺内には、頭部と推定される位置に一面だけ画文《がもん》帯神獣鏡《たいしんじゅうきょう》が添えられていました。そして、棺外の両

図１　黒塚古墳全景

側から、三角縁神獣鏡が三三面出てきたのです（**巻頭図版2下**）。女王卑弥呼が中国・魏の皇帝からもらった大切な鏡だとすれば、棺の外に置かれていることは変ではないか、ということです（**図2**）。

一回の遣使で一〇〇面の鏡をもらっていますが、そのうち三三面も墓にもっていく被葬者がどのような立場の人かよくわかりません。黒塚古墳の位置は行燈山古墳《あんどんやま》（「崇神陵」）のそばで、オオヤマト古墳群の一角です（**図3**）。そういう場所に大きな墓をつくることができる人物が黒塚古墳の被葬者です。その人物が自分の墓にたくさんの三角縁神獣鏡をもって行けたということです。

つまり、この鏡が中国からもらった鏡とすれば、公の鏡です。公の物を個人の墓にもって行ってしまうとは何事か、と。この人がネコババしたわけではないでしょうし、なぜそのようなことが起こっ

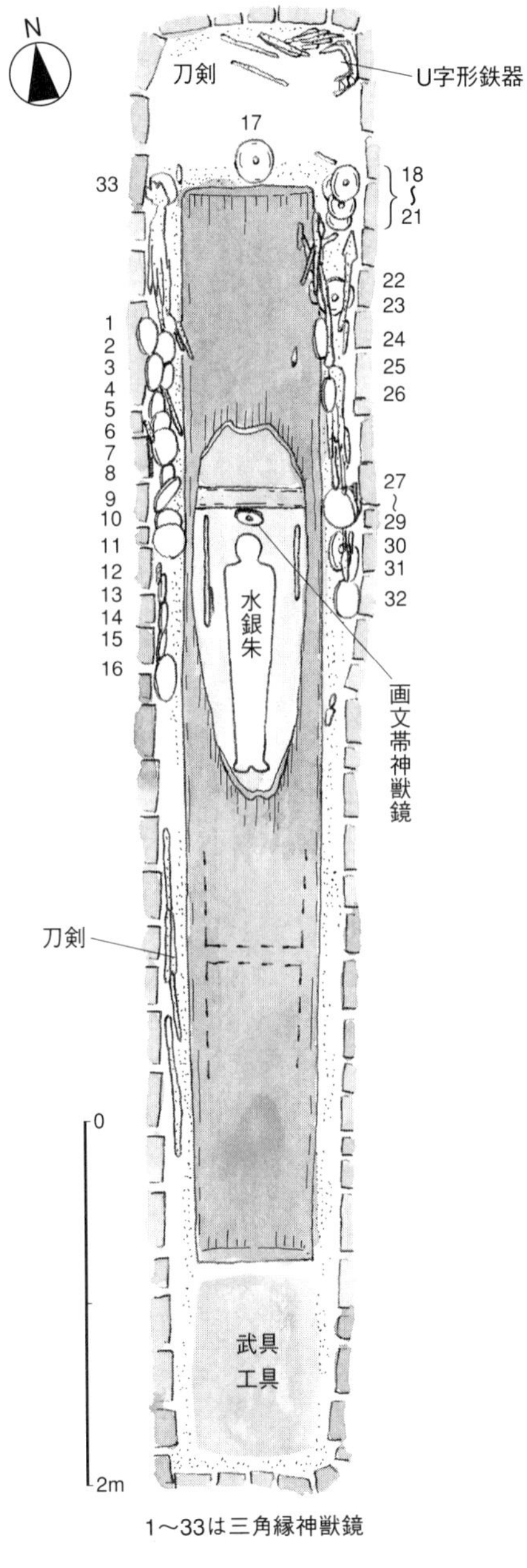

図2　黒塚古墳の鏡副葬状況

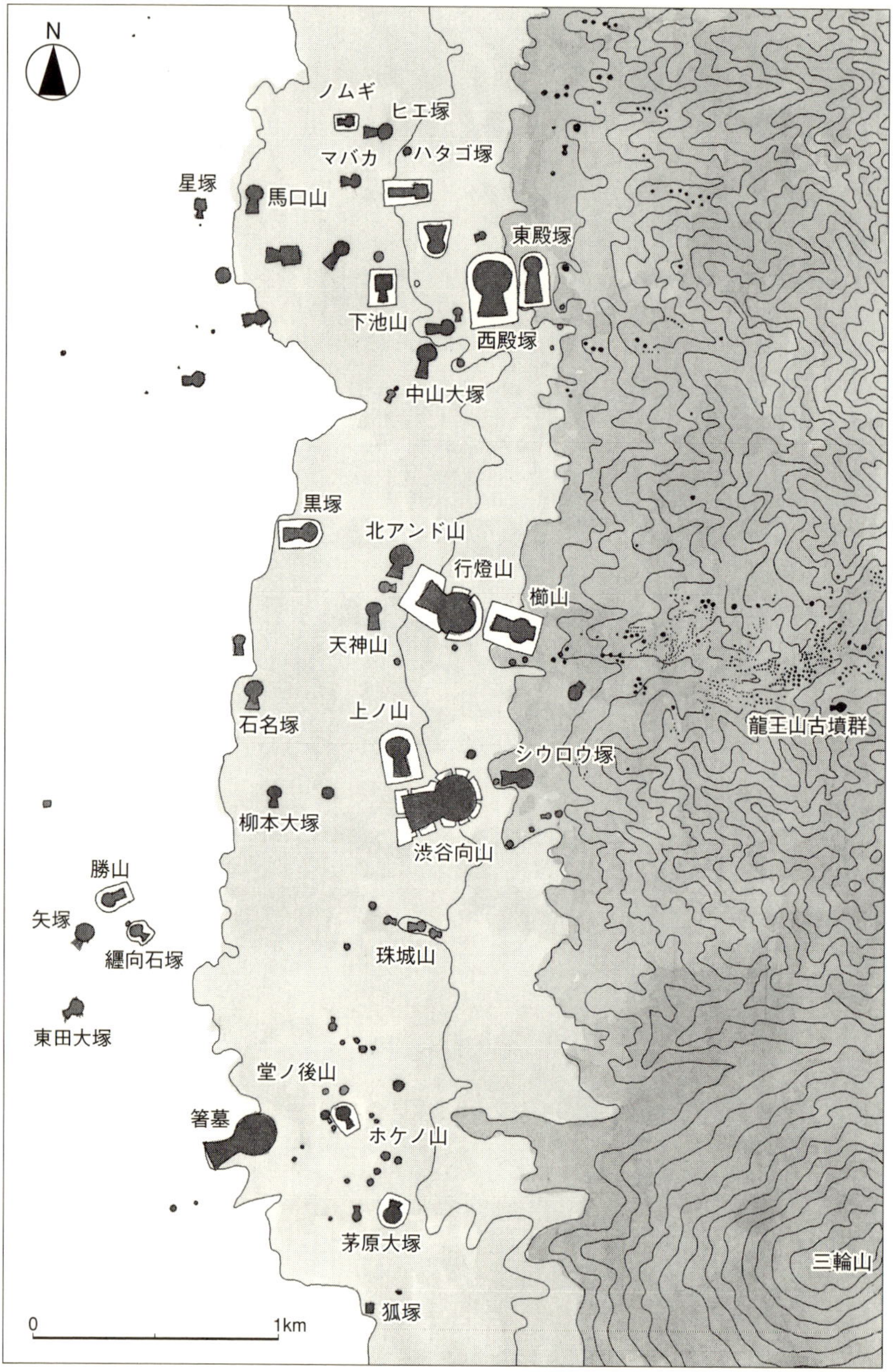

図3　オオヤマト古墳群分布図

たか、が疑問です。

そして、棺の中で頭のところに一面だけ置かれていた鏡は画文帯神獣鏡という、直径一三・五センチの小さな鏡です。三角縁神獣鏡は直径二二センチ前後ですから、それにくらべて小さなものです。その鏡だけが棺の中に入れられて頭のそばに立てかけられていたわけです（**図4**）。

被葬者にとって、あるいはその跡取りにとって一番大事だと意識された鏡は、じつは小さな鏡だったわけです。決して棺の外に置かれたものではない、と考えられます。このようなことが黒塚古墳の発掘調査ではっきりしたのです。

次に、滋賀県東近江市の雪野山《ゆきのやま》古墳をとりあげます。この古墳は大阪大学の都出比呂志《つでひろし》さんのグループが調査されました。立派な報告書も刊行されています。ここからも鏡が五面発見されています。棺の中には二つの仕切り板がありまして、その中央に被葬者が葬られていました（**図5**）。これは黒塚古墳と同じです。

図4　黒塚古墳の三角縁神獣鏡と画文帯神獣鏡（右上）

北側の仕切り板の付近にある3号鏡が三角縁神獣鏡です。1号鏡は内行花文鏡《ないこうかもんきょう》、2号鏡は鼉龍鏡《だりゅうきょう》と呼ばれる舶載鏡を模倣した国産の鏡です。南側の仕切り板のすぐ北には4号鏡と5号鏡があります。3・4・5号鏡が三角縁神獣鏡です。一見してみると三角縁神獣鏡は遺体の頭の部分に置かれているように見えますが、仕切り板の一部が腐らずに残っていましたので、推定頭部では仕切りの外側に三角縁神獣鏡が置かれていたことがわかります。南端の二面の三角縁神獣鏡は仕切り板の内側ですが、

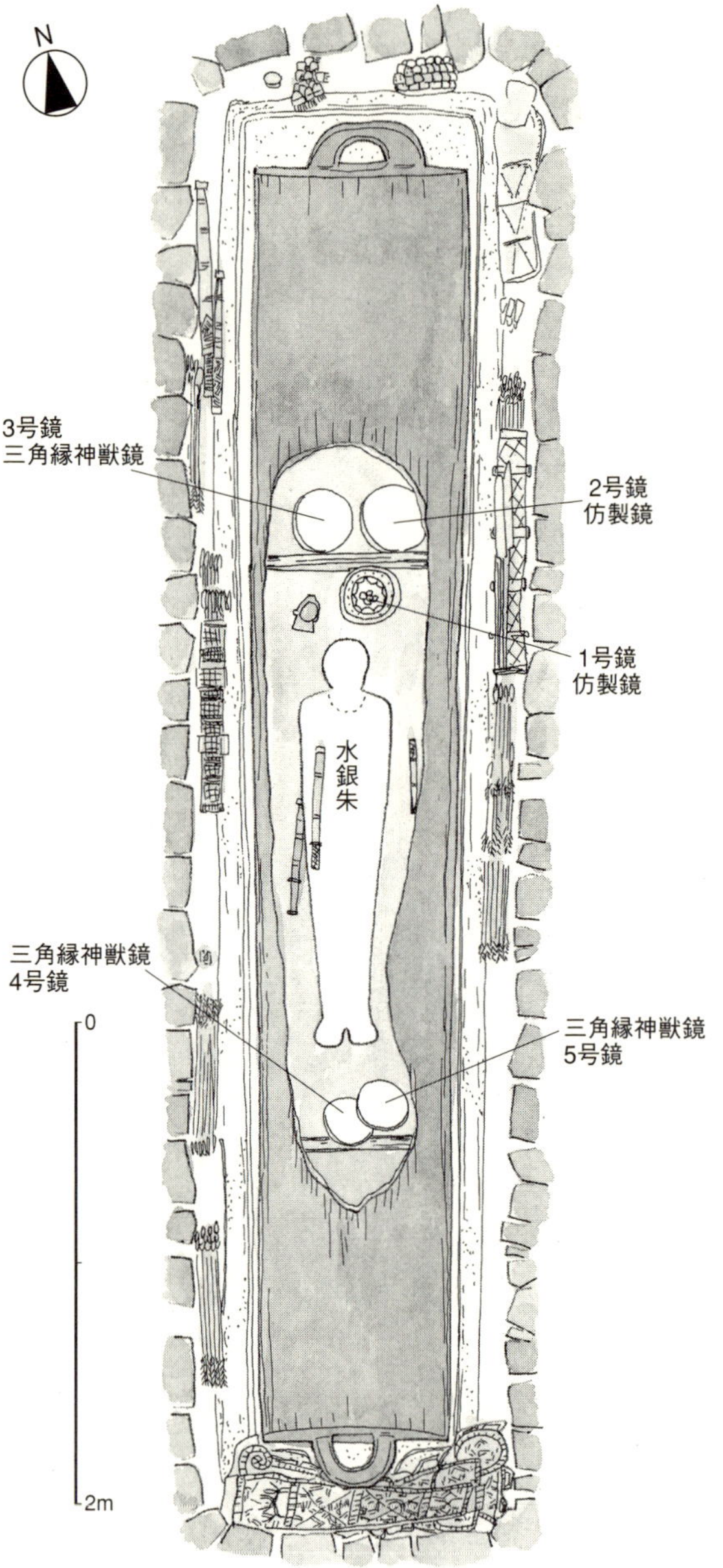

図5　雪野山古墳の鏡副葬状況

足もとです。あまり大事にされていない例だと思います。

三角縁神獣鏡は日本中で五〇〇面以上発見されているのですが、なかには大事に扱われたような位置に副葬されることもあります。けれども、そうでない扱いが圧倒的に多いのです。ただし、発掘調査によって出土状態を確実に観察できる例はあまり多くありませんので、典型的なものを取り上げて説明しました。

大事に扱われた三角縁神獣鏡

ひとつだけ、島根県神原神社《かんばらじんじゃ》古墳の例もあげておきます（図6）。朱の広がるところに遺体があっ

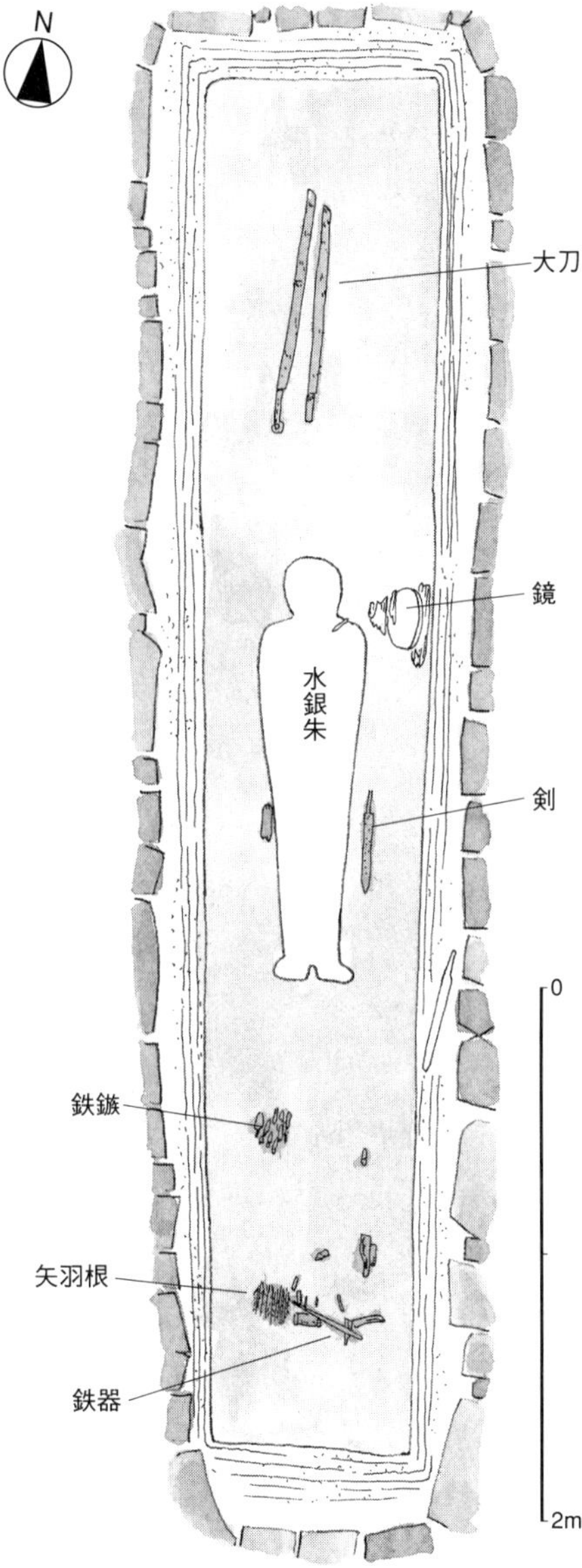

図6　神原神社古墳の鏡副葬状況

たとわかります。頭はその北端で、鏡が置かれている部分かと思われます。この鏡が有名な「景初《けいしょ》三年」銘がある三角縁神獣鏡です。景初三年は卑弥呼が中国の魏に使いを送った二三九年です。「景初」は魏の年号です。そういう大事に扱われている三角縁神獣鏡もあります。

3　三角縁神獣鏡の副葬年代

土器が語る古墳の年代

次に、三角縁神獣鏡はいつ古墳に副葬されたのかについて考えます。古墳が学術的に発掘調査され、はっきり年代がわかる例を検討します。古墳の年代研究は今から二〇年くらい前までは、古墳の形とか、副葬された鏡・剣・玉・甲《よろい》などを細かく検討して、年代幅を限定し、時代を決めていたわけです。煩雑なまでの手続きを経て、古墳の年代が考えられていました。

私はたまたま奈良県桜井市の纒向《まきむく》遺跡という、弥生時代の終わりから古墳時代初めの大きな集落を調査することができまして、その機会に遺跡から出てきた土器をくらべて、年代を細かく区分できるのではないかと考えました。それで、弥生時代末から古墳時代前期の布留Ⅰ式までを五区分して年代の枠組みをつくりました。

纒向遺跡は箸中山《はしなかやま》古墳（箸墓古墳）のすぐそばの遺跡です。纒向遺跡は西暦一八〇年代から三五〇年ごろまで栄えていましたので、オオヤマト古墳群がつくられつづけている時期と重なります。遺跡の周辺では一五〇年間くらい、大土木工事が毎年毎年つづいていたことになります。この時代の土器を区分したのです。

　土器の年代をもとに古墳の年代を考えようという試みをやってみたわけです。この場合、確実に年代区分ができる土器が見つかることと、きっちり古墳にともなったとわかるような状況が発掘調査で確認された場合しか活用できません。

　たとえば、先に示しました雪野山古墳の場合ですと、竪穴式石室という棺をおさめた石の部屋に木棺の痕跡がよく残っていて、棺の中にあたる南の端から壺形土器が完全な形で出ております（図7）。

　発掘現場で土器を見せていただいたときには二〇〇年代の中ごろか後半と感じ、驚きました。つまり、二〇〇年代の半ばか後半に三角縁神獣鏡を副葬する古墳があるのかな、と思うほどでした。そのような発見例ですと安心して年代区分ができますが、じつはめずらしい事例です。

　多くの土器は、発掘中に墳丘の盛り土の上から散らばって出てきます。その土器がいくらかかたまって発見されたなら年代を決める条件となるのですが、ぱらぱらと出てきた場合、たまたまぎれ込んだ可能性もあり、古墳の年代の決め手にできるかどうか検討が必要となります。このように、いろいろな手

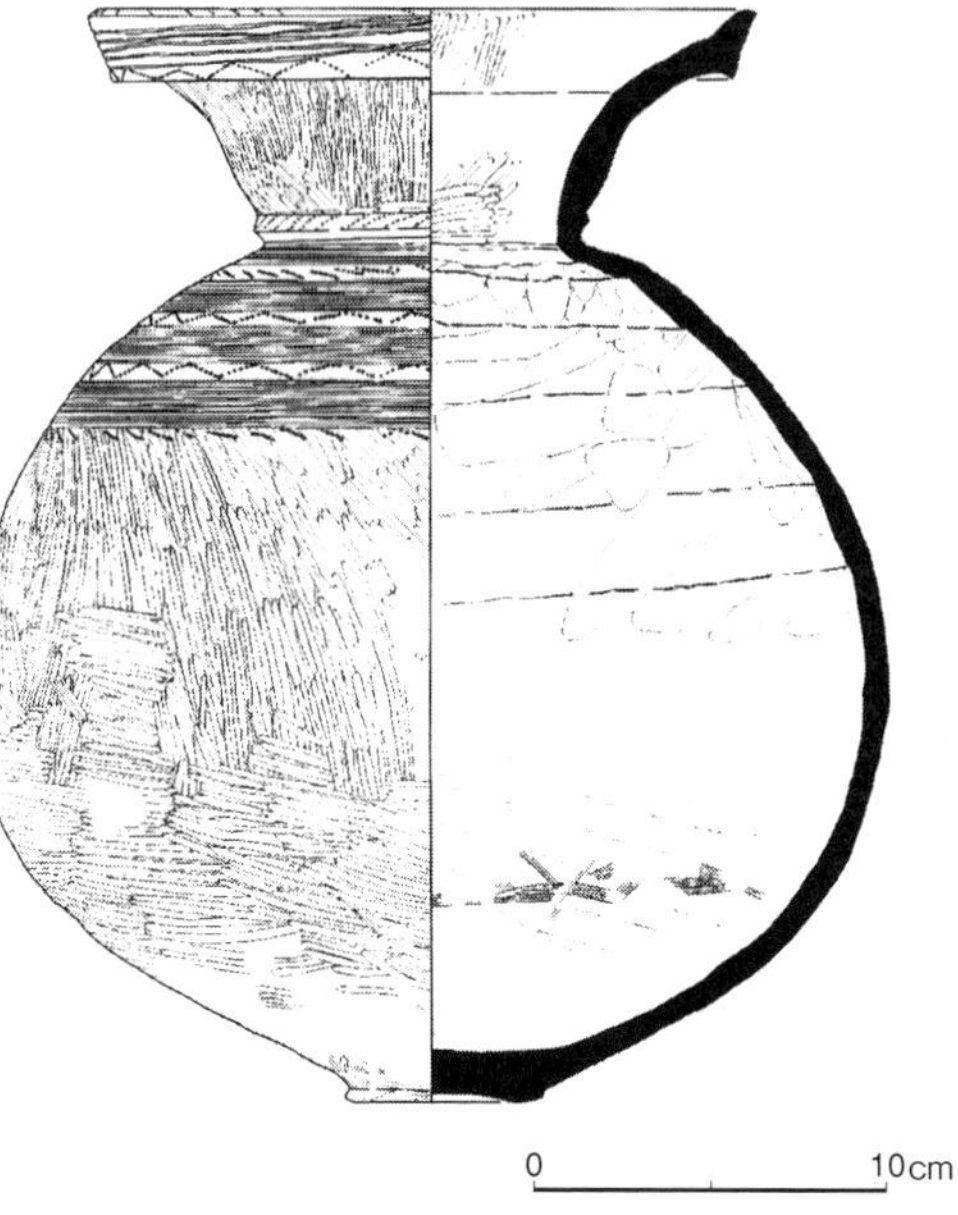

図７　雪野山古墳副葬の壺形土器

続きが必要なのですが、出土した土器から古墳の年代を考えようとしています。

共伴土器の年代による三角縁神獣鏡の副葬時期

二〇〇年代中葉から後半に副葬・廃棄された鏡（大別）の種類を地域別にあげてみました（**表1**）。もっと細かく項目を分けた表を拙著『邪馬台国の考古学』（吉川弘文館）に掲載してあります。その本では、一応検討できる古墳や遺跡を全国から一〇〇近くあげまして、それを鏡の種類ごとに整理しました。

それによりますと、鏡の種類によって二大別することができます。連弧文鏡《れんこもんきょう》（内行花文鏡）や方格《ほうかく》規矩鏡《きくきょう》などは中国の後漢代後半ころにつくられた古いタイプの鏡です。

それに対して、四獣鏡《しじゅうきょう》・獣帯鏡《じゅうたいきょう》・画文帯神獣鏡・三角縁神獣鏡などはいろいろな名前の違いはありますが、神像と怪獣をあらわしている鏡です。どちらかといえば新しいタイプの鏡です。

鏡の文様はもっともっと細かく分類されていますから、このような分け方では十分ではないのですが、細かくなると私自身がわからなくなりますので大きく二つに大別して表記してみました。

そうしますと、今日の課題の三角縁神獣鏡が発見されています古い段階の古墳は、福岡県那珂《なか》八幡《はちまん》古墳と香川県奥《おく》三号墳と滋賀県雪野山古墳の三カ所もあることがわかります。

那珂八幡古墳は福岡市博多区にある全長八〇メートル以上の大きな古墳です（**図8**）。盛り土の上から壺や高坏などの土器が発見されておりまして、九州でも古い段階の古墳と年代区分ができます。ところが、埋葬施設は二つありまして、三角縁神獣鏡が副葬されていた施設は最初に葬られた人の施設ではなく、後でつくられた二番目の埋葬施設から見つかりました。つまり、古墳そのものがつくられた年代は二〇〇年代までさかのぼりますが、二番目の埋葬施設がつくられた時期は新しく考えたほうがよいことになります。つまり、二〇〇年代としても終わりごろ、二九〇年代くらいと考えるべきです。しかし、古くなる可能性もありますので入れておきました。

それから、香川県奥三号墳は現在のさぬき市の雨滝山《あまたきやま》の奥古墳群にあります（図9）。弥生時代終末から古墳時代初めの小さな墓がいくつも発見

鏡	古式（後漢式鏡）			新式（神獣鏡）				その他	計
旧国名	連弧文鏡	方格規矩鏡	飛禽鏡	四獣鏡・半肉彫獣帯鏡	斜縁神獣鏡他	画文帯神獣鏡	三角縁神獣鏡		
筑前			○	○			●那珂八幡古墳	○	10
筑後		○	○						
肥前	○	○							
肥後			○○						
小計	1	2	4	1			1	1	
因幡	○								8
丹後		○							
丹波		○○	○	○				○○	
小計	1	3	1	1				2	
安芸	○○								5
備中		○	○					○	
小計	2	1	1					1	
伊予	○				●			○	11
讃岐	○○	○			●		●奥三号墳	○	
阿波					●	●			
小計	3	1			3	1	1	2	
播磨	○○○○○								9
摂津			○						
河内	○	○							
紀伊	○								
小計	7	1	1						
大和	○			○○		●●		○	12
山城				○					
近江	○○						●●●雪野山		
小計	3			3		2	3	1	
若狭			○						2
加賀								○	
小計			1					1	
上総				○	●				5
上野	○								
会津	○○								
小計	3			1	1				
計（%）	20（32.3）	8（12.9）	8（12.9）	6（9.6）	4（6.5）	3（4.8）	5（8.1）	8（12.9）	62（100）
	（60）			（40）					

表1　三世紀に副葬・廃棄された鏡

されています。この古墳は全長四〇メートル程度の小さな古墳です。三号墳からは土器は見つかっていませんが、石室形態や副葬鉄器と一〇号墳出土の土器群を参考にしますと、三角縁神獣鏡を副葬する最も古い古墳といえるのではないかと思います。三世紀後半でしょうか。

この時期になぜこだわるかといいますと、みなさんはお気づきだと思いますが、女王卑弥呼が亡くなった時期に近いからです。女王卑弥呼は二四

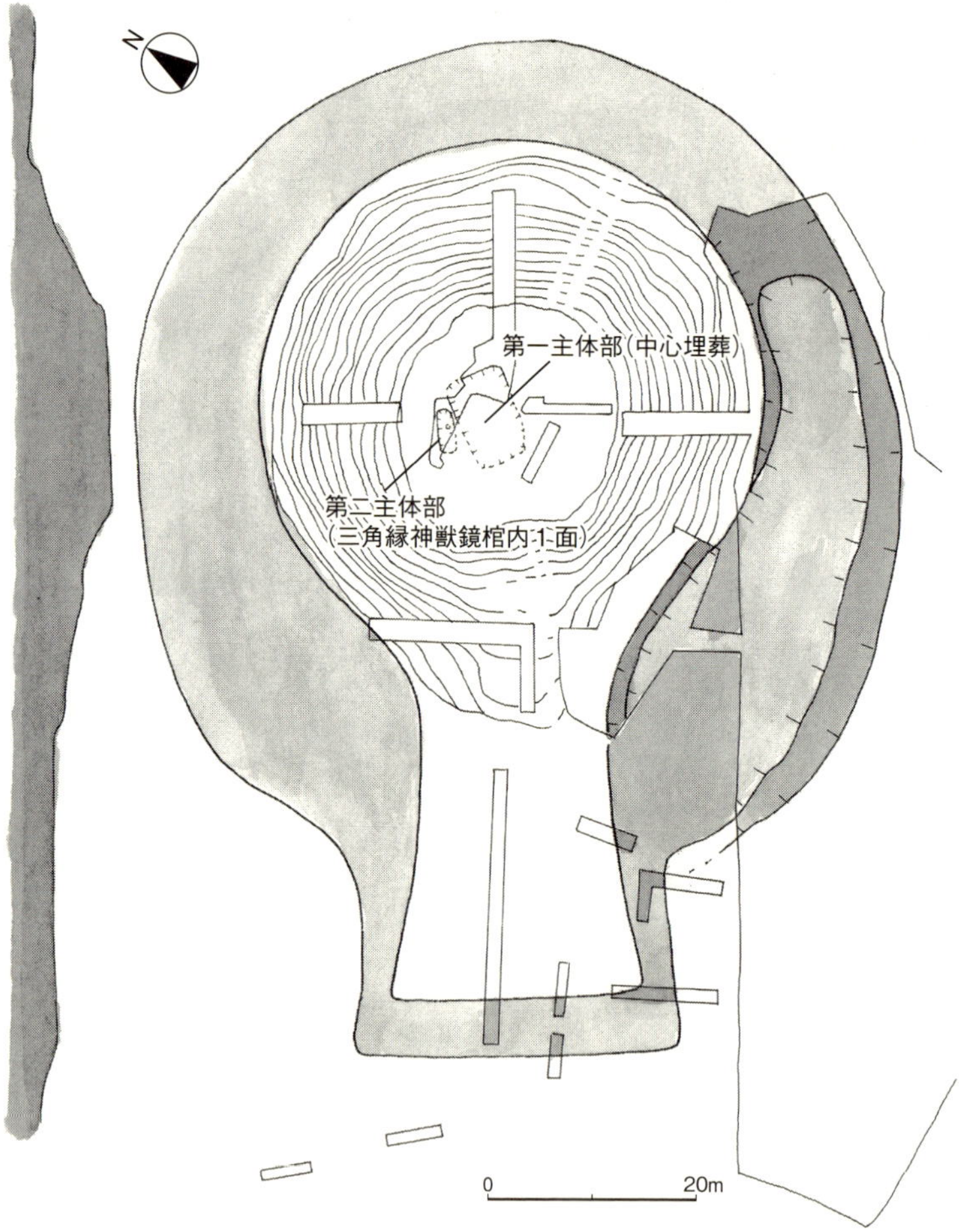

図8　那珂八幡古墳

七〜八年になくなっていることが『魏志《ぎし》』倭人伝《わじんでん》に記されていますから、卑弥呼の墓に三角縁神獣鏡を副葬することが可能かどうかです。

それで、二五〇年から後半ごろの鏡の発見例を調べたわけです。そういう意味では、奥古墳群には卑弥呼の古墳にあてはまる古墳も含まれていることになります。

次に、先ほど話しました雪野山古墳があります。この古墳からは三面の三角縁神獣鏡が見つかっています。壺形土器の特徴

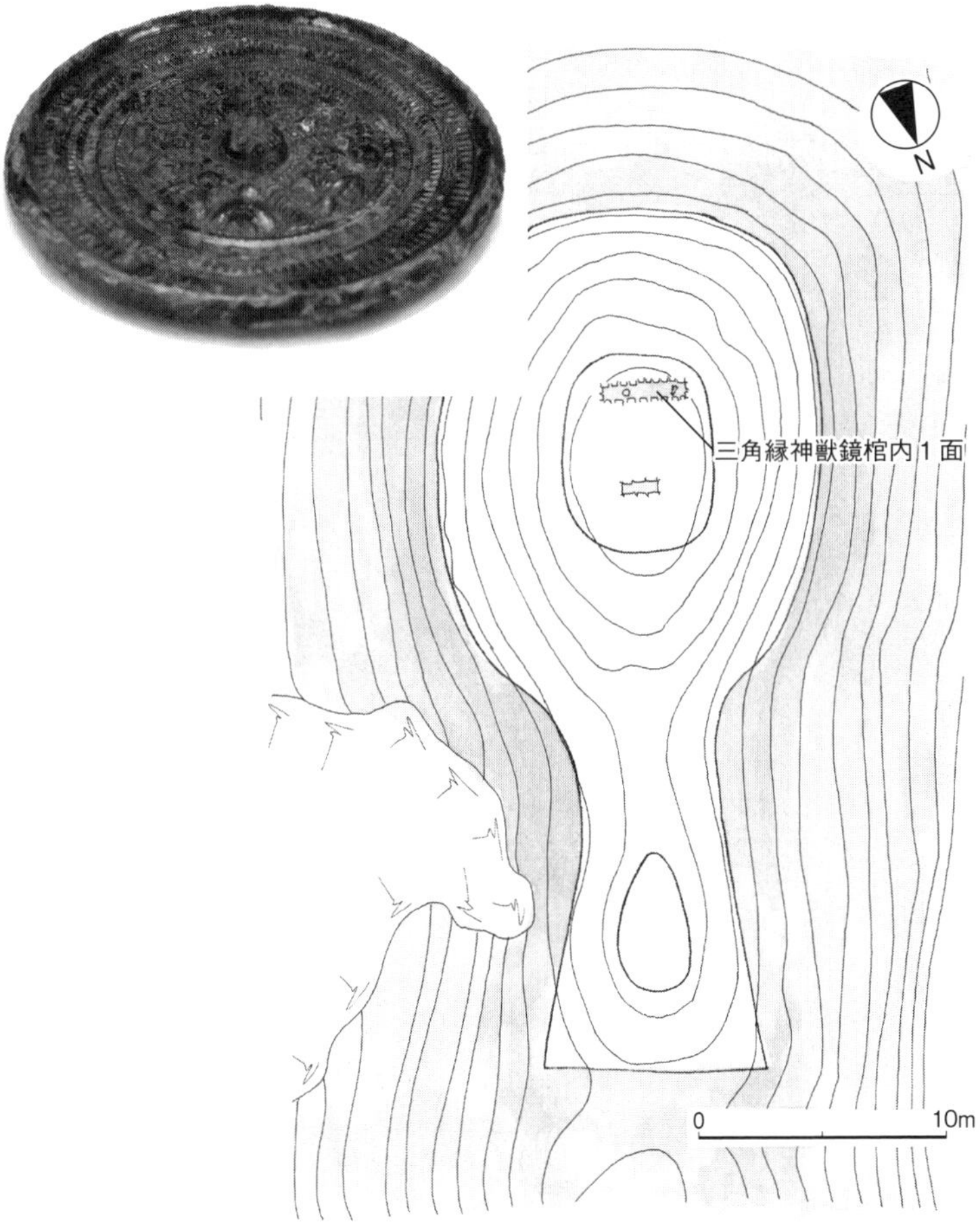

図９　奥三号墳と出土の三角縁神獣鏡

から二五〇年より新しい、二七〇〜二八〇年代というところです。

以上、古墳に三角縁神獣鏡が副葬される時期について、私が言いたいことをまとめます。要するに、二五〇年ごろにつくられた古墳に副葬された三角縁神獣鏡は一面もありません。それでは、いつごろから三角縁神獣鏡の副葬がはじまるかといえば、まれには二七〇年ごろですが、風習として広まるのは二九〇年代以降です。そのような結果になりました。

4 鏡からみた二〇〇年代の豪族連合

次に、二〇〇年代の遺跡から見つかる鏡は、どの地域から出てどのような状況になっているかを調べました(**表2**)。

筑豊と呼ばれる福岡・大分の地域があります。ここでは神獣鏡が二面発見されています。それから、近畿内陸部としました大和・南山城地域は神獣鏡が五面見つかっています。大阪湾岸は大阪と和歌山です。神獣鏡はありません。普通は近畿地方と一括りにしますが、内陸部と海岸部に分けますと違いがはっきり出ました。

大阪湾岸部の古墳からもたくさんの神獣鏡が見つかっているのですが、古墳の年代はすべて三〇〇〜四〇〇年代です。二〇〇年代にはありません。ところが、内陸部には多い。これはどういうことだ、となります。近畿内陸部と同じく神獣鏡が多く見つかる現象は瀬戸内海南岸部(四国北部)にもあり

	神獣鏡	その他の後漢式鏡
筑後・豊後	●●	○○○○○○
丹波・但馬		○○○○
瀬戸内海北岸部		○○○○
大阪湾岸地域		○○○○○○○○○
畿内内陸地域	●●●●●	○○
瀬戸内海南岸部	●●●●●	○○○○
上総	●●	
会津		○○

表2 三世紀中葉の神獣鏡とその他の後漢式鏡

ます。

そうすると、二〇〇年代に神獣鏡類をもっていた地域は大和・南山城、それから四国北部であって、二つの地域が連合している段階は二〇〇年代だと読みとれます。三〇〇年代以降にはそれが変わってくるということが、鏡を副葬する古墳の分布から考えられそうです。

つまり、鏡ごとに古墳の分布を地図に落としてみると、数がそう多くないのであまりはっきりしたことは言えませんが、地域ごとに連合を示す傾向が見えてきます。

5　小さな古墳から見つかった三角縁神獣鏡

三角縁神獣鏡の配布問題

最後に、三角縁神獣鏡が副葬される古墳をよく見てみます。普通、三角縁神獣鏡が骨董屋などから発見されますと、それは一〇〇メートルを超える大古墳から掘り出されたに違いない、いったいどこだろうと思われがちです。ところが、そうとは限らない発見もあります。

今から五年前に、奈良県御所市鴨都波《かもつば》古墳という、一辺二〇メートルほどの小さな方墳（**図10**）から三角縁神獣鏡が四面も見つかりました（**図11**）。これまで、三角縁神獣鏡は大和政権が服

図 10　鴨都波古墳

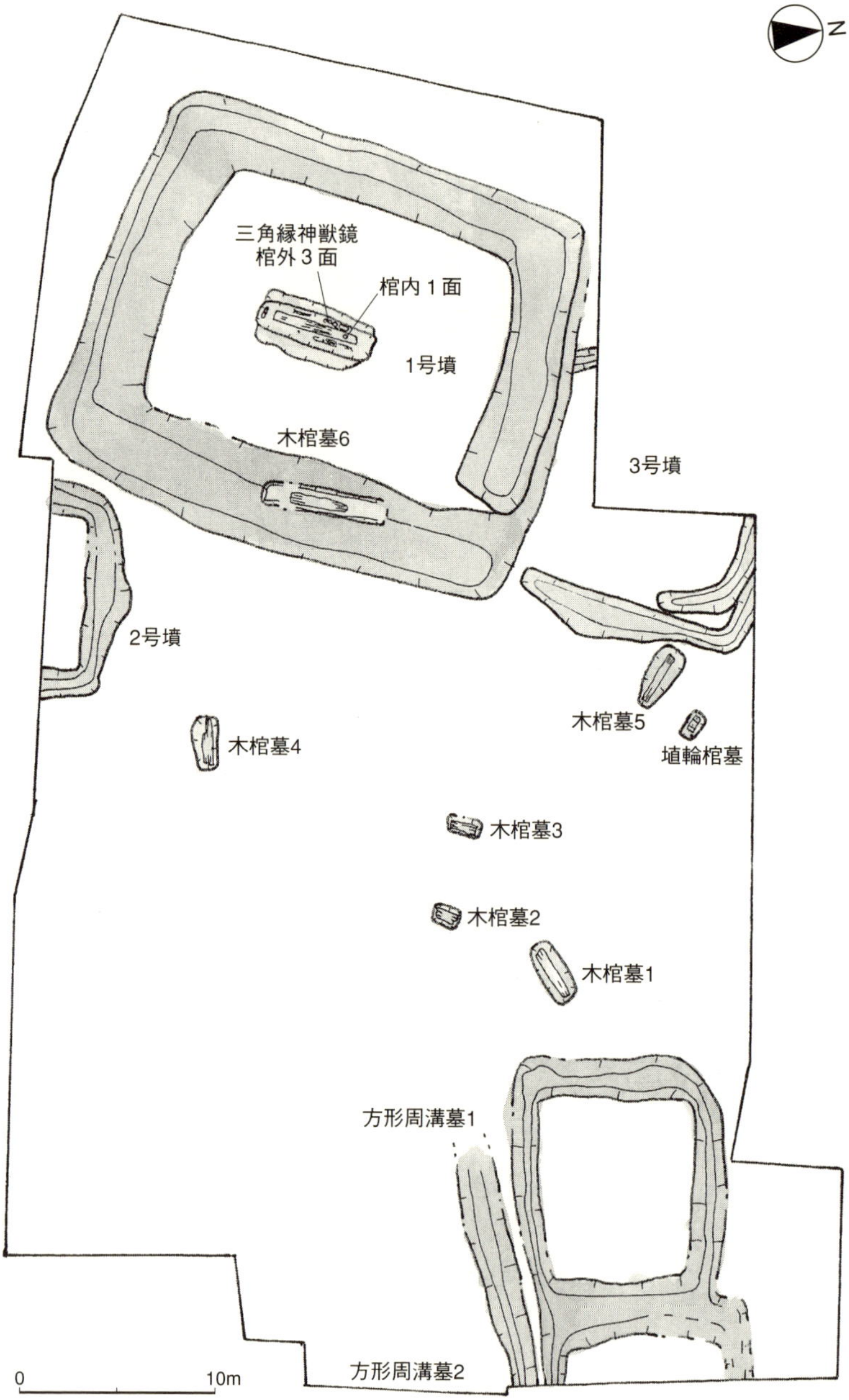
N
三角縁神獣鏡
棺外３面
棺内１面
1号墳
木棺墓6
3号墳
2号墳
木棺墓5
埴輪棺墓
木棺墓4
木棺墓3
木棺墓2
木棺墓1
方形周溝墓1
方形周溝墓2
0
10m

図 11　鴨都波古墳

属の証として各地の豪族たちに配布したものと考えられていました。地域の豪族は大和政権と一体になる証として鏡をもらったのだ、という説です。

　ところが、このような小さな墓に葬られる程度の人に、四面の三角縁神獣鏡を渡さなければならなかった理由がわからない。もうひとつは福岡市の藤崎《ふじさき》六号方形周溝墓という、一辺一二～一三メートルの墓に幅三メートルほどの浅い溝がめぐるだけという規模の墓から、三角縁神獣鏡が一面見つかりました（**図12**）。

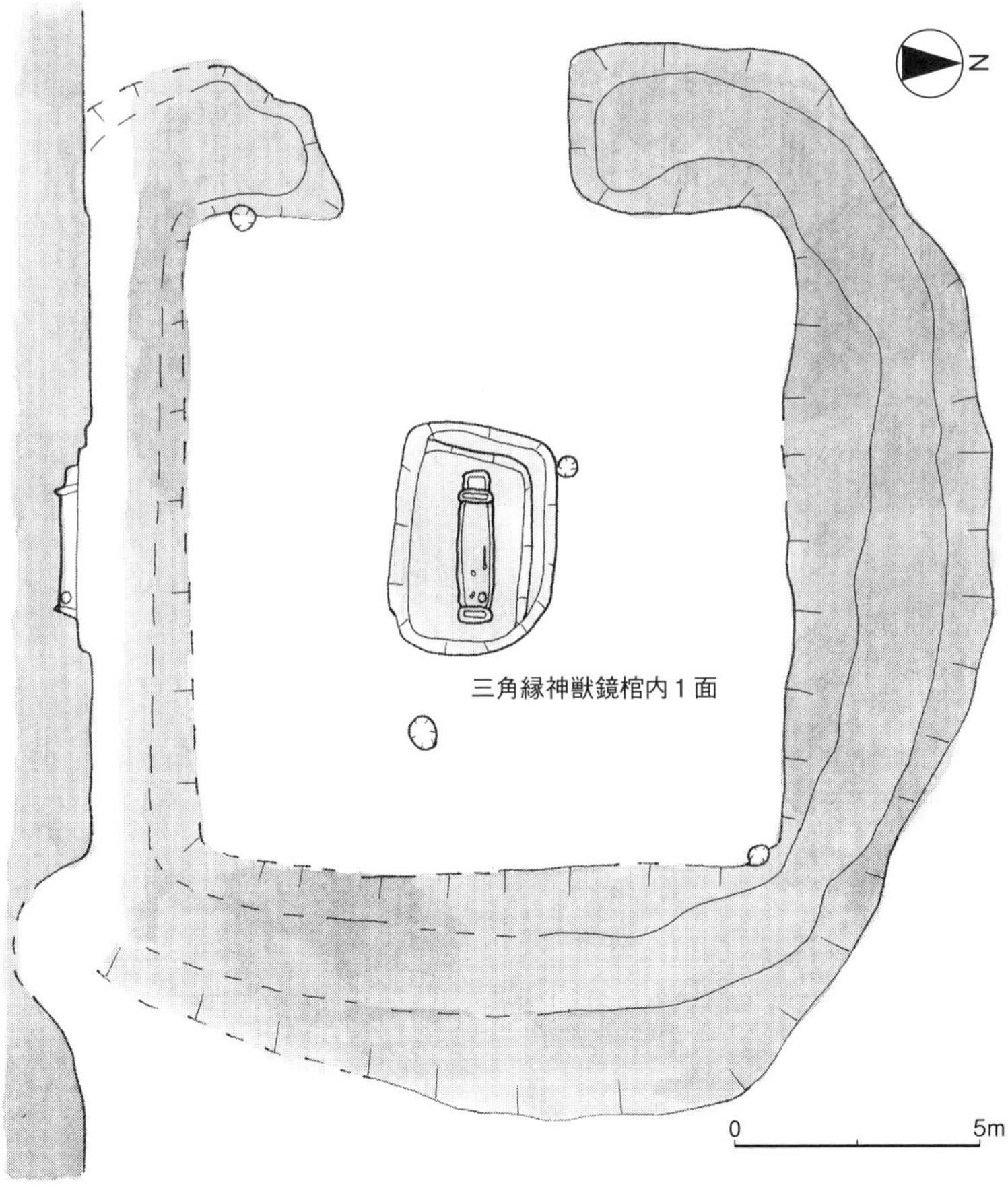

図 12　藤崎六号方形周溝墓

この三角縁神獣鏡も、大和にある全長二〇〇メートル以上の墓に葬られた王が、福岡にある一辺一二～一三メートルの墓に入れられる程度の人間に、服属の証として鏡を渡すという方法をとったのか、という疑問があります。

これについては福岡にあるもっと大きな古墳、先ほどの那珂八幡古墳のように全長八〇メートル以上の墓に入るような豪族がいて、大和の王はその人に鏡を渡した。そして、その豪族が自分の子分に再配布した、という考えもあります。本当でしょうか。

鴨都波古墳の場合は再配布とすれば、この地域の二〇〇～三〇〇年代に一〇〇メートルクラスの大古墳がつくられていませんから、直接鏡を受けとった親分がいません。つまり、この古墳の被葬者の場合、大和の大王から直接受け取ったことになります。もしかしたら、大和の大王とは関係なく、直接中国から自分で手に入れたと考えなければならないかもしれません。

それにしても、三角縁神獣鏡は本当に値打ちの高いよい鏡だろうかという感想です。むしろ、たんなるおまじないの道具だったのではないか、ということです。

コラム1
古墳の暦年代

少ない紀年資料

中国では墳墓に墓誌が納められたり、紀年銘を刻んだ遺物が副葬される場合が多い。これらの年代のわかる墳墓を機軸にすれば、年代を決定づける手がかりがない墓にしても、古い型式の墓か、新しい型式の墓かは形態や副葬品など、いろいろな角度から分析することができる。

ところが、わが国の古墳からは墓誌や文字を刻んだ副葬品が発見される可能性はきわめて低い。したがって、古墳の年代を暦年代で示す方法は、わずかな文字資料と理化学的年代測定法からの位置づけに頼らざるを得ない。

さて、現在知られる紀年銘のある古墳時代前期の出土資料は、以下に知られる程度である。奈良県東大寺山《とうだいじやま》古墳の「中平□年」（一八四～九年）金象嵌銘鉄刀と三角縁神獣鏡などの舶載鏡である。しかし、舶載されて以来、長い期間伝世した可能性も指摘されており、古墳の年代を直接示すものではない（図13）。

古墳時代中期の文字資料として、埼玉県稲荷山《いなりやま》古墳出土「辛亥年……獲加多支鹵大王」金象嵌銘鉄剣・千葉県稲荷台《いなりだい》一号墳出土「王賜」金象嵌銘鉄刀・熊本県江《え》田船《たふな》山《やま》古墳出土「治天下獲□□□鹵大王世」銀象嵌銘鉄刀がある。いずれも銘の「王」は雄略天皇を示すと考えられている。

すなわち、四七〇年代につくられ、ほどなく古墳に副葬された遺物と考えられている。三古墳からはそれぞれ須恵器や埴輪などの土器類が発見されており、他の古墳出土遺物と前後関係を比較することができる。

ただし、稲荷山古墳の場合、鉄剣が副葬されていた主体部が二番目につくられた埋葬施設であり、供献された須恵器との年代差があるかもしれない。また、三古墳とも埋葬施設や埴輪などに地域色が強く、全国の古墳とそ

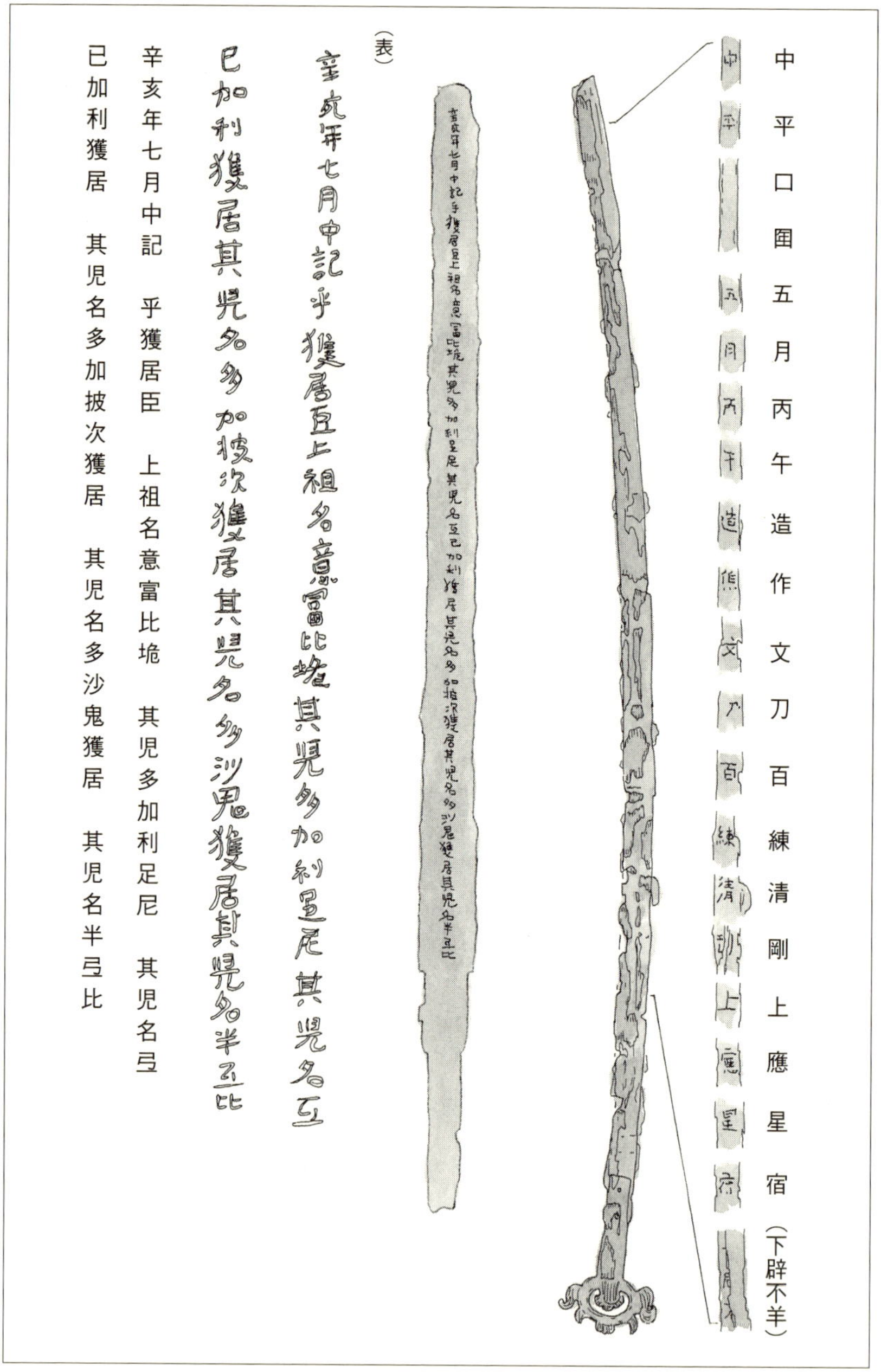
中平□年五月丙午造作文刀百練清剛上應星宿（下辟不羊）
（表）
辛亥年七月中記　乎獲居臣　上祖名意富比垝　其児多加利足尼　其児名弖
已加利獲居　其児名多加披次獲居　其児名多沙鬼獲居　其児名半弖比

図 13 「中平□年」銘鉄刀（右）と「辛亥年」銘鉄剣（左）

のまま比較しにくい側面もある。

文献と古墳の年代

史料との比較では、『宋書』倭国伝などに記された「倭の五王」と「記紀」に記された仁徳・応神天皇などの系譜を説き、大阪の百舌鳥《もず》・古市《ふるいち》古墳群に営まれた巨大古墳にその被葬者をもとめる研究がある。この研究法によって、五王の治世した四〇〇年代初頭から四〇〇年代末までの古墳墳丘の形態変化や埴輪の変遷などがおおよそ確定している。

その他、大阪府高槻市今城塚《いましろづか》古墳が継体天皇の墳墓として五三〇年代のものと基準視され、そこに埴輪を供給した埴輪窯や工房（新池遺跡）の実態も解明されている。同時期に反乱を起こした筑紫国造磐井の墓も福岡県岩戸《いわと》山《やま》古墳とされ、五二八年の年代があてられている。

比較的暦年代がとらえやすくなる時期は飛鳥時代になってからだ。飛鳥の寺院や諸宮の年代が「記紀」に記されており、その遺構が発掘され、土器の年代観が確定できるからである。さらに、史料から天皇陵や蘇我三代の墳墓の比定もされており、奈良県藤ノ木《ふじのき》古墳や高松塚《たかまつづか》古墳の被葬者にいたっては詳細な研究が進められている。

驚愕の理化学的年代測定結果

その一方、近年になって年輪年代測定法により、古墳出土の木製品の伐採年代から古墳の暦年代に迫る方法が有効視されつつある。

なかでも、奈良県の三輪山麓に営まれた纒向石塚《まきむくいしづか》と勝山《かつやま》古墳の周濠から発見された木製品の年代が注目できる。纒向石塚の周濠に廃棄されていた木製品の測定年代は一七七年で、削られた表皮部分の年代は約一八年程度と推定され、一九五年頃に伐採された木が使われていたというわけだ。この木製品が纒向石塚造営直後の祭祀にかかわるものとすれば、石塚の完成年代も二〇〇年前後とすることができる（**図14**）。

そして、近隣の勝山古墳から発見された木製品も、一九九年の測定年代で伐採年は一二年以内という結果が出た。木製品が発見された二つの墳墓の周濠や盛り土からは弥生時代終末の土器が数多く発見されており、古墳出現段階の墳墓や土器の年代が二〇〇〇年前後である結果となった。

それは、これまで古墳の出現年代を二〇〇年代末から三〇〇年代初頭と考えてきた考古学者にとっては驚愕の成果となった。近年、多くの考古学者は古墳の出現年代を邪馬台国の時代にまでさかのぼらせる考えを支持しつつある。

驚愕の成果はこればかりではなかった。奈良県平城宮の第二次朝堂院地域には下層に古墳時代中期の溝があり、ここから大量の土器とともに巨大なヒノキの木盤未製品が発見された。この木製品は表皮部分まで残されており、伐採年代が四一二年であることが判明した。

木製品の伐採年代は出土位置からみて、溝が埋まる最終段階に近いことがわかった。そして、この埋没段階の地層には初期の須恵器が含まれ、溝の下層には須恵

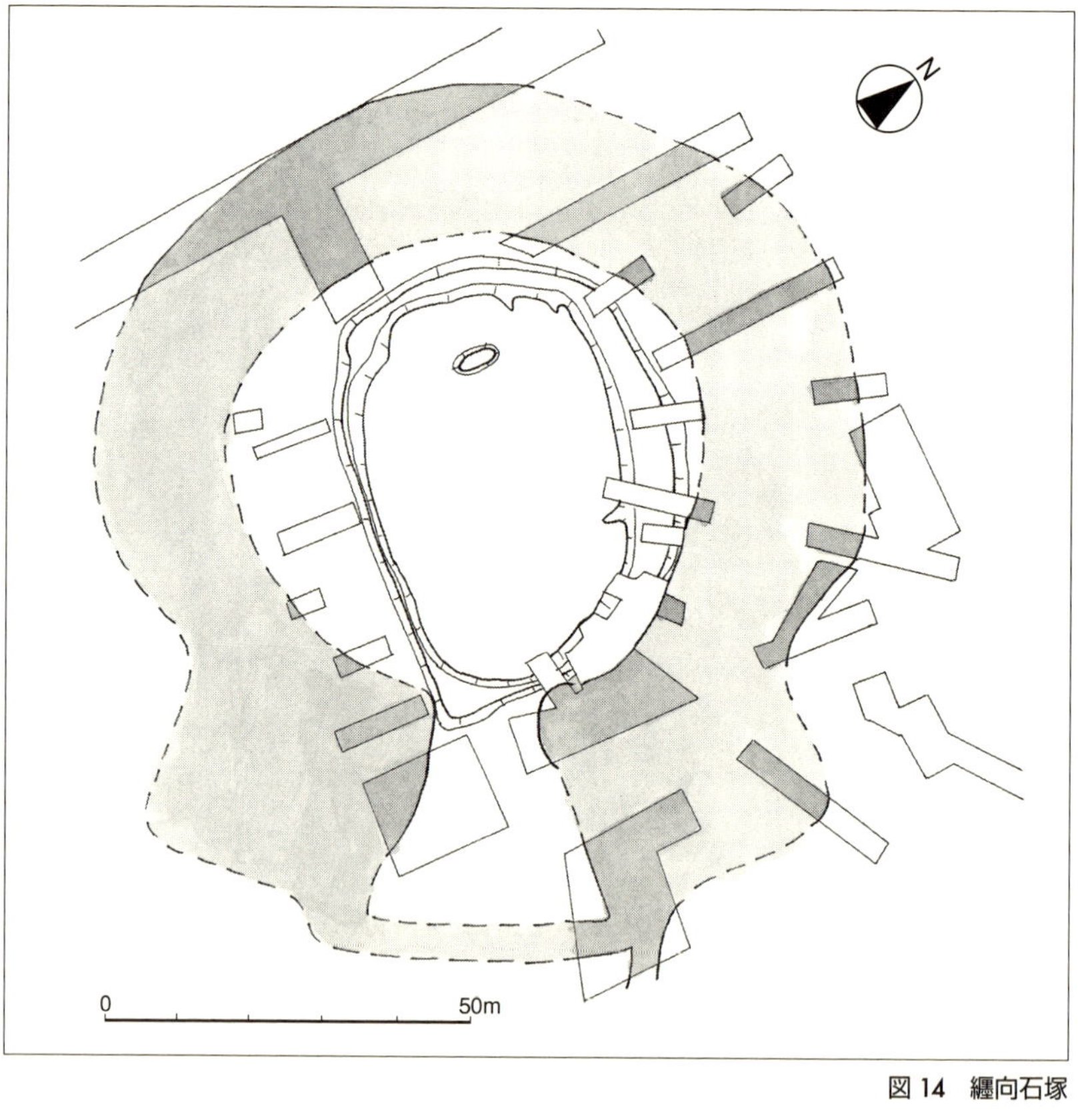

図14　纒向石塚

器がまったく含まれないことも判明した。発見された須恵器はわが国にあな窯で土器を焼く技術が伝来して間もないころの須恵器だったのである。

これまで、須恵器の伝来時期は四〇〇年代後半と位置づけられていた。しかし、須恵器の国産化は「倭の五王」が活躍する以前の三〇〇年代末にまでさかのぼる可能性が浮上したのである。それは日本の考古学者のみならず、韓国の考古学者にとっても年代観を修正する大きな関心となった。

（西川寿勝）

第二章　倭国女王卑弥呼の王都と大和

水野正好

1　邪馬台国への道

漢人と倭人の接触

今日は年齢の順にお話ししております。一番若い私でさえ七〇歳です。学問も七〇歳を超えないと完熟しないといわれています。

しかし、私は自分では完熟期に近づいたという予感もありませんし、先ほどの石野先生のように、まだ邪馬台国がどこにあるのか、それさえもわからないんだと言いながら、桜井市の纒向付近だろうとおっしゃった老獪さもありません。私は「倭国女王卑弥呼の王都と大和」という題でお話しするわけですが、「邪馬台国の所在はもう決まったんだ」と若気の至りで申し上げますから、みなさま方はしっかり眉につばをつけ聞き耳を立て、目を見ひらいてお聞きいただきたいと思います。

倭国女王卑弥呼という人物がいたということがなぜわかるのか。不思議に思われる方もいらっしゃるでしょう。じつは彼女の名は『日本書紀』の中にも少し見えますけれど、それはほんのわずか、神功皇后ではないかということを暗示する文章だけです。彼女の名は、中国の志書『三国志』という書物の中にくわしく出てくるのです。

『三国志』という書物は、中国が魏《ぎ》・呉《ご》・蜀《しょく》という三国に分かれていた時代、それぞれの国ごとに書き上げられた正史です。その三国の中の魏という国と日本は往来していましたので、その国のことをくわしく記した魏志の部分に日本のことが書かれているのです。すべて漢文で書かれていますから私たちでも読めます（図15）。

二、三世紀の日本をこれほどていねいに書いてくれている書物はほかにありませんから、非常に貴重な書物といえますし、私たちにとっては何にもましてありがたい記録といわなければなりません。

歴史学者だけではなく、考古学者も、いや、みなさま方も大いにこの記録を熟読する必要が

図15　『三国志』南宋紹熙刊本

あるのではないかと思います。ただ、日中間には言葉の違いもあります。また、世界に冠たる中国の記録ですから、文字面からそのとおりに受け取ってよい面と、やはり大きな権力をもつ側の記録ですから、文字どおりには受け取れない一面もあると思います。

たとえば、日本の使節と魏の皇帝・朝廷との間ではどのようにして意志を通じ合ったのか、どのように言葉が相互理解されていたのかという問題があるわけです。後世、平安・鎌倉時代に日本の高僧たちが中国に渡りまして、皇帝に接見した際には、「華言に通じず」と書かれています。中国語がしゃべれないというわけです。しゃべれないのにどうして意志を通じあうのかといいますと、みな筆談なのです。その筆談で書く日本人の文字は非常に上手な字です。日本の使節や僧侶は王羲之《おうぎし》・王献之《おうけんし》父子の文字を見習っているというので中国の皇帝は非常に感心しています。日本では、中国で評価の高かった王羲之のような達筆の人たちに強く憧れ、その文字を一字一字見習っているということです。現実に、奈良時代の正倉院には王羲之・王献之の書があったのです。中国では王羲之の書は皇帝が独占したので、なかなか見習うことは難しかったといいます。日本では、元本から写し、写した本からまた写し、というふうに次々と模倣した書ができ、そうした写本が広く国内に配られ、その字をみなが習って、初めて役人になったり、偉い僧侶になっていくという仕組みがありました。出世の必須条件であったということでしょう。ですから、中国の魏王朝へ行っても華言では話せませんが、応答はそのほとんどを漢文の筆談で用を果たしたわけです。もちろん、通訳も連れて行き、中国側も用意するでしょうが、大半が筆談だけに間違った理解がうまれたり、誤った記述もあるだろうと思うのです。

倭国の位置・風土

では、『三国志』魏志倭人伝《ぎしわじんでん》の中身を読んでいきましょう。倭人伝・倭国・倭国王・倭国女王とありますように、日本を「倭」と呼んでいることが注目されます。まずは、中国側が「倭」をどのように理解しているかを考えてみたいと思います。

帯方郡、この郡は朝鮮半島を支配するための魏王朝の統治拠点で、半島の三八度線の少し北、西岸よりに設置されています。倭国は帯方郡からみて、「東南にひろがる大海の中にある」と書かれています。日本の位置を言い得て妙です。大海は日本海や太平洋を指し、具体的には対馬海峡の東南ということになります。見事な表現ですね。時に「倭国」の位置を台湾や沖縄に求める方もありますが、この一句で根拠は消えてしまいます。九州島としても、「東南大海の中」という言葉によって根拠が弱くなります。

次の文は「倭国は山や島でもって構成されている」とあります。中国は広大な平地や平原があり、なかなか山が見えない、あるいは長江下流の揚子江では幅が広くてなかなか対岸が見えないという地形です。日本のように山や島で風景・景観ができあがっている光景には乏しいわけです。それだけに、これは適切な表現ですね。山があると思えば、海には島がある。そういう風景は中国ではなかなか得難い情景だけに、日本の風景は箱庭のようにみえるということで印象的なのでしょう。日本を代表する景観が短い一句で鮮やかに語られているのです。九州を表現する言葉でないことは確かです。

このように見ていきますと、魏の皇帝は日本のことをよく知っているな、という印象を受けます。そのことを裏付けるのが、次の文章です。それは帯方郡から日本にやってくる道程が明記されているので有名な文です。

帯方郡から船で朝鮮半島の西岸をつたい、南へ進んでは東により停泊、また南へ行っては東へより停泊、というかたちで船を南下させ、七〇〇〇里で日本（倭国）の北岸、狗邪韓国《くやかんこく》につくという行路が記されています。七〇〇〇里の途中の停泊地の地名が記されていないのは残念ですが、これは倭国を書くために省略されてしまっているので仕方ありません。

狗邪韓国から一〇〇〇里海を渡ると、対海《つしま》(馬)国《こく》に着くとあります。この対馬国は現在の長崎県対馬であることはすぐにわかります。次に南へ海を一〇〇〇里渡る地にある国は一大《い》(支《き》)国《こく》です。大は「支」という字の書き誤りですから、直ちに壱岐だなとわかります。つまり、朝鮮半島と九州島の間にある対馬島・壱岐島がそれぞれ、対馬国・一大国と呼ばれていることがわかります（図16・17）。

つづいて、南へ海を渡ること一〇〇〇里で末盧国《まつらこく》、今日の佐賀県唐津市ですね。ここで九州島に着いたわけです。当時の唐津は九州最初の門戸だったのです。ここからは陸路になり、東南へ陸上を歩くこと五〇〇余里で伊都国《いとこく》に着きます。『日本書紀』や『古事記』には、伊都《いと》・怡土《いと》と書かれる国です。今日の糸島郡《いとしまぐん》の南半をさす地名です。現在は福岡県前原市になっています。その東南一〇〇里の地に奴国《なこく》があると記しています。『日本書紀』や『古事記』に出てくる那《な》・儺国《なこく》です。その地は現在の福岡市博多をさします。つづく国は東一〇〇里の地にある不弥国《ふみこく》です。『日本書紀』や『古事記』には、宇美《うみ》の文字で表現されています。現在、福岡市の東隣、宇美町がその地にあたります。

このように、『三国志』魏志倭人伝の中に記されている国名は、現在私たちも使っている地名と共通していますのでよくその位置がわかります。日本は長い間、地名を大切に伝えてきましたから、

『三国志』魏志倭人伝に見える国名が、すべて今日に残されているのです。どのような航路で日本へ中国の使節が来るか、日本の使節が中国へ赴くかがこの記事でわかります。

今日、いわれもないのに「銀座何丁目」、天皇にあやかって「昭和町何丁目」などと地名をつけていく風潮があります。現代人は本当に愚かですね。言霊を失った今日の日本人は、長くそれぞれの地に息づいてきた歴史的な地名をずいぶん捨てていき、将来に大きな災いをもたらす人たちであったという評価を受けることになりそうです。

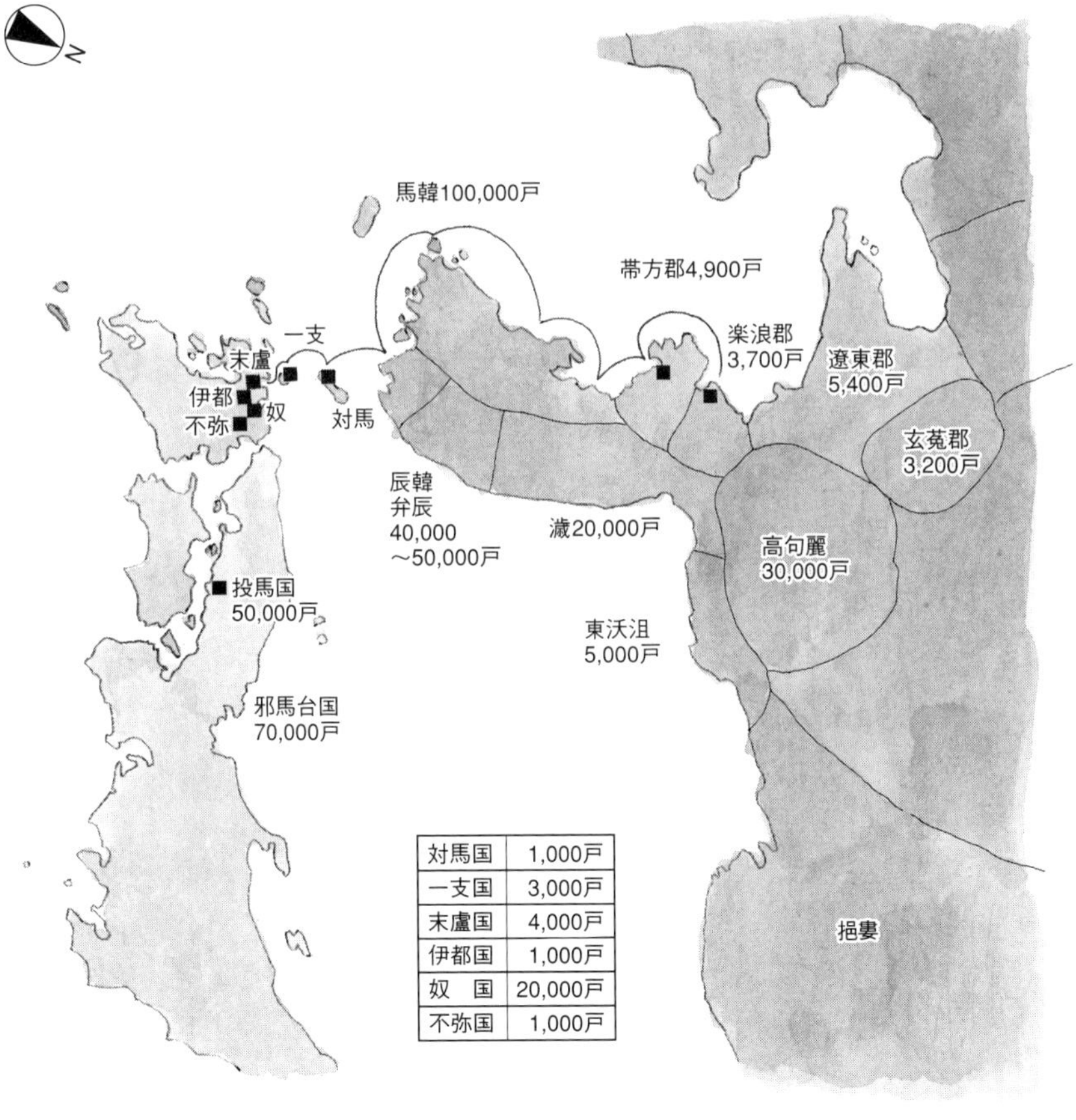

対馬国	1,000戸
一支国	3,000戸
末盧国	4,000戸
伊都国	1,000戸
奴　国	20,000戸
不弥国	1,000戸

図 16 『三国志』に記された国々と戸数

邪馬台国への道程

それだけではありません。『三国志』魏志倭人伝には、それぞれの国の政治機構や土地の情景が見事に書かれています。面白いことに、九州諸国—対馬・一支・(末盧)・奴・不弥国には卑奴母離という官がおかれていることが記されています「卑奴母離《ひなもり》」は「鄙守《ひなもり》」と考えてよいと思います。倭国の外縁にあたる地だけに「ヒナ」とみられ、倭国から派遣された官吏や軍が現地に着任しているとみてよいと思います。もちろん、「ヒナ」という言葉に対しては「中央」・「都」という言葉が一方にあり、政治的には支配する側とされる側の関係があることもわかります。一方、伊都国は他の国と違い、卑奴母離は置かれていません。爾支《にき》・泄謨觚《しまこ》・柄渠觚《へここ》という官がおかれる一方で世々王があり、女王国に統属していると書かれています。それだけではなく、魏や帯方郡の使節が来日するたびに、使節のとどまる所、一方で九州諸国を検察するために「大率《だいそつ》」という官を特別に設置している所とあり、九州諸国を統轄する機関のある国であると記されています。

ところで、朝鮮半島の帯方郡から九州の末盧国までの距離は一万里、不弥国までなら、一万七〇〇里になることは注目すべきだと思います。帯方郡から末盧国までは海路、末盧国から不弥国までは陸路、それから先は再び海路を船で往くという記事になります。南へ水行すること二〇日で投馬国《つまこく》、さらに南へ水行一〇日で邪馬台国《やまとこく》に着くと書かれています。したがって、問題の邪馬台国は伊都国ないし奴国から南へ船で三〇日を要する地です。途中、二〇日で投馬国があるというわけです。この二〇日目、三〇日目に到着する地域がどこなのかが問題になります。興味深いことに『三国志』魏志倭人伝には南へ水行すること二〇日、三〇日と書かれています。南へ船で行くということになると、福岡

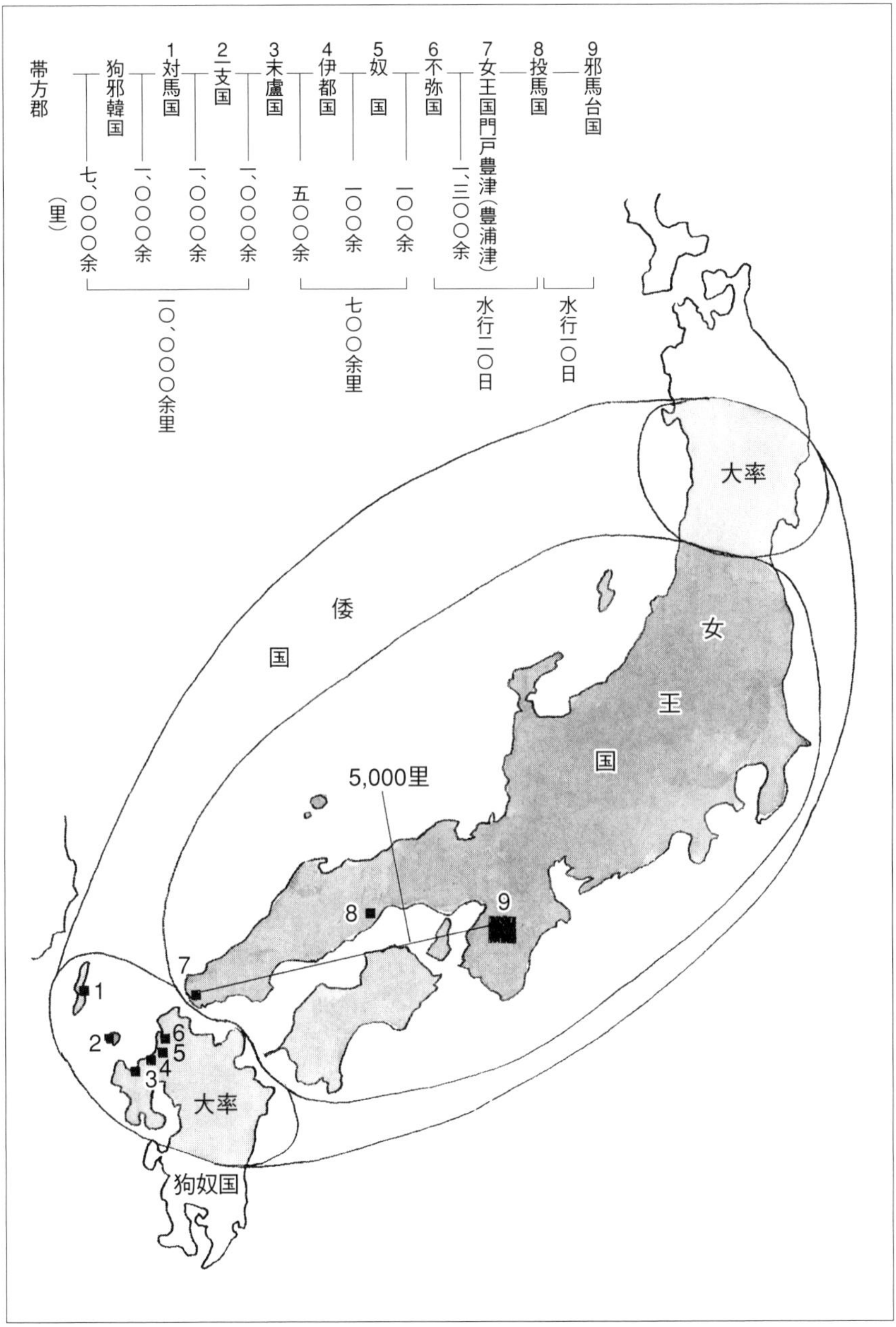

図17　倭国・女王国・大率の領域と国々

市附近からどう南に行くかが問われます。いきおい三〇日ならば、沖縄だ、いやルソン島だという意見が出てくるわけです。しかし、先ほど「東南の大海の中にある」という一文がありますから、沖縄などではおかしくなります。字義どおり南を探す場合、邪馬台国は九州にありという説が有力となるわけです。

2 倭国王都の所在地──邪馬台国九州説と近畿説

三つの九州説──ともに不成立

邪馬台国九州説の三説を採りあげます。第一は、大宰の置かれている伊都国から東回りに南へ行くという説です。第二は、同様に伊都国から川を南へ遡るとする説です。そして第三は、伊都国から西回りして南へ行くという説です。

第一の説をとる一例として、松本清張《まつもとせいちょう》説をとりあげますと、邪馬台国は大分県宇佐市と考えられています。後に宇佐神宮ができたり、川部《かわべ》・高森《たかもり》古墳群など、古式の古墳がありますから、この辺ではなかろうかとおっしゃるわけです。しかし、シンポジウムで私は、「宇佐神宮は、はるか後世の創建、古墳群は女王卑弥呼の頃のものではないですから直接資料にはなりません」と言いました。そうすると松本さんは「宇佐にはそういう魅力ある地力があるのだ」とおっしゃる。「そのような根拠ならほかの地域、いくらでも地力のある適地があることになります」と反論しておきました。それから三年後、再び松本さんと宮崎県西都原《さいとばる》古墳群のある西都市で開かれたシンポジウムでお会いしました。

するとこの時は、西都市付近だろうとおっしゃるのです。西都原古墳群という大規模な古墳群があるうえ、ミヤケという地名も残っているという論拠でした。宇佐とまったく同じ論理ですから、私は、この地ではダメでしょうと言いました。何といっても、西都原古墳群は四、五世紀代の古墳群ですから、先の宇佐同様、地力―エネルギーだけが根拠ということになります。こうした都合のよいところというだけで根拠のない地域をとりあげるやり方では、松本さん自身が宇佐説から西都原説に変われるように、その時その時の気分の見解ということになります。

第二の説をとるのは、本居宣長《もとおりのりなが》さんです。九州の伊都付近から船で川を遡れば山門郡《やまとぐん》に至る。この山門郡こそヤマトの言葉どおり邪馬台だろうという根拠です。この場合は、語呂遊びで、単なる同音の地名というにすぎません。しかも伊都と山門の間は、たかが八〇キロメートルほど、確かに『魏志』が言うように南ですが、船で三〇日もかかる距離では到底ありません。それに遺跡も多くはありません。本居宣長さんを尊敬する私でも、この説にはついていけません。

第三の説の代表は、ごく最近提唱された邪馬台国吉野ヶ里《よしのがり》説です。佐賀県神埼町で神埼工業団地建設用地が広範囲に発掘されました。その際、発見された大遺跡が吉野ヶ里遺跡です。そこでは、二列各三本、計六本の柱をたてた柱穴が見つかりました。一辺が一・二メートルある方形の柱穴です。調査関係者は、はじめこの柱穴に据えられた柱の直径を八〇センチほどと考えられたようで、大柱だから高さも三〇メートルはある建物だということになりました。この建物の周囲には広く楕円形に濠がめぐっており、「環濠集落」の名にふさわしい形をとっていたものですから、友人たちは「宮室、楼《ろう》観《かん》、城柵《じょうさく》、厳かに設け」と『三国志』魏志倭人伝に記された女王卑弥呼の王宮の姿を想いめぐらせたのでしょうか。友人たちは、早速この遺跡の重要性を「卑弥呼の都・王宮か」ということで、テレビ局や新聞社に伝えました。新聞報道やテレビのニュースは恐ろしいもの。学会では一度も検討したことのないこの地―吉野ヶ里遺跡が、一挙に「邪馬台国」ということになりました。実に恐ろしいことです。手続きが間違っていると思います。もう少し慎重に検討してからの発表でもよかったのではないかと思います。

しかし、真実のところ、調査の結果、柱の直径がわからずじまい、おそらくは一・二メートルの柱穴にたつ柱の径は、三分の一、したがって四〇センチ程度、あるいはそれ以下だと私は思います。高さもずっと低く、環濠のめぐる内部へ出入りする「出入り口」の門跡だろうと考えています。たしかに、この遺跡は立派ですが、後に述べますように私は倭国女王卑弥呼の王宮ではないと思います。

このように見ていきますと、九州説が成り立たないことは確実です。とくに、九州の伊都もしくは奴国から船で邪馬台国に行く、その途中に投馬国を経由します。九州最大の戸数二万戸を容れる奴国を凌駕する投馬国は、戸数五万戸、卑弥呼の王都のある邪馬台国は七万戸だと書かれています。この「投馬国」の存在は九州説では論議されていません。なかなかみなさんふんぎりがつかないということでしょうが、そこでふんぎりをつけさせてあげましょう、というのが私の考えなのです。

『隋書』倭国伝と大和説の確証

『隋書《ずいしょ》』には東夷伝《とういでん》倭国の条があります。五八一年に隋《ずい》帝国が成立し、推古天皇や聖徳太子は小野妹子《おののいもこ》らを遣隋使として派遣しました。「日出ずる処の天子、書を日没する処の天子に致す。つつがなきや……」と書きおくったものですから、隋の煬帝《ようだい》は怒りました。中国は「日没する国」ではなく、日の最も高い世界の中心をなす国だと考えていますから、皇帝は、小野妹子にそえて日本へ裴世清《はいせいせい》を送ります。裴世清は日本に来る途中、あらかじめ『三国志』魏志倭人伝の記事を参考にしていたと思います。

船が博多（筑紫国）まで来る、ここまでは『三国志』に記すとおりでしたので、これでよかったのですが、やがてその船が瀬戸内海を東進し、大阪の「難波館《なにわのむろつみ》」に到着します。少し休み、再び船で「河内の海」に出、大和川から初瀬川へと川つなぎしながら、三輪山の麓にあります「海石榴市《つばきいち》」で船を降ります。長い船旅です。

この「海石榴市」では、額田部連比羅夫《ぬかたべのむらじひらふ》などが出迎え、飾り馬七五頭に彼らを乗せて、推古天皇・聖徳太子に会います。裴世清は天皇や太子にいろいろ質問をしたようです。煬帝の意思を伝える一方で、日本の国情をつぶさに聞き取ったようです。そして納得して帰りました。その結果は煬帝に報告し、記録を官に納めたと思います。その報告の中に重大な記事がありました。それは裴世清が行って来た都の所在地が邪馬台国であることを表現して、天皇は「邪靡堆《やまと》に都す。則ち、『魏志』にいうところの邪馬台なる者也」と書いたのです。『隋書』倭国条の冒頭にこの一文が掲載されています。

このように『隋書』には「『魏志』にいう邪馬台国の所在地は推古天皇のいる大和である」ことがはっきり記されているのです。裴世清は、自分が行ってきた大和は倭国女王卑弥呼・台与のいた都の地・邪馬台国であると明記しているのです。彼は推古天皇や聖徳太子にこのことは確認しているわけです。

裴世清の持参した『三国志』魏志倭人伝には「南へ三〇日水行すると邪馬台国に至る」と書いてあります。しかし、裴世清を乗せた船は瀬戸内海を東へ、東へ向かいます。裴世清は「いま船は東に向かっているが、なぜ南に行かぬ」と詰問したと思います。しかし、小野妹子や船頭たちから「あたりまえですよ、都は東にあるのですから」と言われつづけ、なかなか納得できなかったのでしょうが、推古天皇や聖徳太子に会い、はじめて『三国志』魏志倭人伝の記述の誤りを確かめたのだと思います。だからこそ『隋書』倭国条で訂正しているのです。したがって、邪馬台国の所在地論争である九州説・大和説は、飛鳥時代の時点で「大和説」で終止符が打たれているわけです。あとは「なぜ本州を南向きに描いたのか」という問題です。中国の皇帝と倭国遣使の間での問答中、誤解したり筆記に際し誤ったものと見ればよいのではないでしょうか。「倭国王都邪馬台国論争」でこの『隋書』倭国条の記事を評価しないのはおかしいと思います。魏志倭人伝を読む方は多いのですが、関連づけて、『隋書』倭国条を読む方が少ないからでしょうか。『隋書』倭国条をしっかり読んでいれば、こういう論争は不要だったのです。

こう考えますと、南に水行すること二〇日で投馬国、南に水行すること一〇日、計三〇日で邪馬台国に至るという記事も目途が立つことになります。

平安時代に記された『延喜式《えんぎしき》』には、官荷を運ぶ船が九州儺津《なのつ》（奴国）から京都（平安京）に至る道程が記されています。九州を出発してから二〇日目には「吉備津《きびのつ》」、さらに一〇日目が「淀津《よどのつ》」と明記されています。淀川河口の「淀津」を「難波津」に置き換えても大差ありません。ですから平安時代は、倭国女王卑弥呼の時代と船の構造や航海術に若干の時代差はあるでしょうが、長く同日数をかけて往来することが「公」にされていることがわかります。ここまでくるともう疑問はありません。魏志倭人伝に記された倭国女王の王都である邪馬台国、および至る途中の投馬国はどこかと問う時、王都邪馬台国は大和国、投馬国は吉備国に比定すればよいということになるのです。

次に、話題を卑奴母離に移しましょう。『三国志』魏志倭人伝には、倭国女王卑弥呼の王都が邪馬台国に設置されていると記されています。邪馬台国＝大和に都があるからこそ、九州の諸国に「卑奴母離」の官がおかれていたと考えるのです。大分県宇佐市、あるいは宮崎県西都市、あるいは佐賀県吉野ヶ里遺跡など、仮に九州のそうした地に倭国の都があったとすれば、そこからさほど遠くない九州内に卑奴母離がおかれていたことになります。「卑奴母離」という言葉の意味がおかしくなります。卑奴母離は「鄙の守り」として、王都からみて遥か離れた遠い「鄙」の国におかれる官制ですから、九州内に王都を比定すれば、あまりにも近い場所となり、ふさわしくありません。「卑奴母離」は鄙を守る官人として派遣された官人や軍ですから、こうした人びとを派遣した国は大和に王都を置く倭国自体と考えるべきなのです。

奈良時代、九州や壱岐・対馬の地に「防人《さきもり》」が送られ、国家防衛の任についています。この「防人」のサキもヒナに相通ずる言葉です。国家の命により、九州北部を中心に先兵となって国を護る人びとです。『万葉集』にのこされた「防人歌」は多くのことを教えてくれます。信濃や常陸、駿河といった関東、甲信越、東海地方の人びとが、その任にあたり、任地に赴いています。こうした「防人」のあり方に通ずる形の「ヒナモリ」が、すでに倭国女王卑弥呼の時代、倭国国制としてとられていたことがわかります。東国防人を遠隔の九州地方に送り込むシステムが成立しているわけです。当時の倭国の勢威、対外政策がしのばれる大切な記事だと思うのです。

3 私の女王国論

倭国・女王国・邪馬台国はそれぞれ別

次に、私の考えている大事な見解をお知らせしましょう。『三国志』魏志倭人伝には「倭国」と「女王国」と「邪馬台国」という三つの国名が記されています。それぞれをどのように理解するかということです。この「女王国」という言葉は記事の中に何度も何度も出てきます。それにくらべ、「邪馬台国」は一度きり、それも倭国女王卑弥呼の王都の所在地として記事の中に出てくるだけです。「倭国」は「倭国女王卑弥呼・台与」のよって立つ王の国域をさし、中国・韓半島との外交の主体となる国名といえます。世間では「邪馬台国」「邪馬台国」とことあるたびに使われていますが、ただ一度しか記されない国名であることは留意すべきことと思うのです。

女王国という言葉には二通りの考え方があります。その一つは倭国王卑弥呼・台与という女王が政治を執る国をさすという見解です。この場合は、女王に統治される範囲が倭国をさすと考える見解です。言い換えますと、女王国＝倭国説です。いま一つの見解は、倭国女王卑弥呼の治める国、邪馬台国は女王の治する国だから、女王国と呼ばれると考える見解です。言い換えれば、女王国＝邪馬台国説です。

女王国という言葉を介して、この二説を並べ考えますと倭国＝邪馬台国になってしまいます。しかし、前者は国名、後者は王都のある国名ですから、意味も内容も違うのにイコールになってしまいます。おかしいですね。矛盾します。

倭国＝女王国という説と、邪馬台国＝女王国という説はおもしろい現象を表わしています。『女王国の出現』（文英堂）という著作があります。書名は女王国でも、内容は倭国の出現・発展を扱ったものです。本来なら「倭国の出現」の書名がふさわしいのです。女王が邪馬台国に都する時代の意味でしょうが、不適切な書名ですね。とにかく、国の概念がこんがらがっています。多くの方が言葉をなおざりにしておられると思います。一方では、『邪馬台国の時代』（木耳社）という一冊があります。内容はやはり、倭国の出現・発展が書かれています。倭国王卑弥呼・台与が邪馬台国に都される、その都の時代という意味に解しますと、都が他に移ったという記事もないですから、これまたおかしいということになります。

私は、女王国と倭国は同じだろうかという疑問から発しています。はっきりいって違うと思います。『三国志』魏志倭人伝の中には何回も女王国という名前が出てきます。しかし、多くの方は、この「女王国」の言葉を等閑視されていると思います。では、私の女王国論をお聞きください。

女王国の範囲

『三国志』魏志倭人伝には、帯方郡から女王国までの距離は一万二〇〇〇余里と記されています。先ほど述べた帯方郡からの道筋で対馬国・壱岐国と渡り、記事に従って不弥国まで来ますと、その合計距離は一万七〇〇余里となります。そうしますと、あと一三〇〇里ほど先に「女王国」があるということになります。記事によれば狗邪韓国と対馬国、対馬国と壱岐国、壱岐国と末盧国の距離はそれぞれ一〇〇〇余里とありますから、一三〇〇里の距離はだいたい見当がつきます。現在の一〇〇キロメートルにもならない距離です。

この一三〇〇里を道程のとおりに東に求めますと、下関近辺、本州西端の地が「女王国」にあたることになります。ここで問題なのは、女王国の範囲です。下関に限定される狭い範囲か、それともここから始まる広い範囲か、ということです（図17、四一ページ参照）。

私は女王国が下関近辺に固定できる要素はあまりないと思います。なぜならば、倭国女王卑弥呼・台与は、邪馬台国に居られるわけですから、下関近辺では水行三〇日の距離とは合致しません。それだけに女王の統治される広い範囲をさすと見る方が「女王国」の名にふさわしいと考えています。

ですから、結論を先に言いますと、下関から東側に女王国が広がるというふうに考えるのです。そうしますと、山口県から王宮のある大和までを東に折り返すと福島県・宮城県までの範囲が女王国だろうと考えるのです。もう少しあとで、詳しくこの範囲についてはお話ししたいと思います。

その場合、九州や東北地方はどうなっているかが問われます。まず、九州ですが、魏志倭人伝には伊都国に「大率《だいそつ》」という役所がおかれていると書かれています。一つの大率です。この大率は後世の大宰府《だざいふ》に相当する機関だと思います。大率は郡使を迎えたり、遣使を送る外交機能をもつうえ、九州諸国を検察し、文書の伝送を果たすなどの行政機能、租税の徴収機能をもっていることが明記されています。後世の大宰府の機能とよく一致します。「倭国」が設置する九州の政治の中核といえます。

伊都国に設置されていますが、伊都国は倭国内の一国ですから、この大率は「伊都国」に置かれるものの倭国国政の「遠朝廷《とおのみかど》」ともいうべき、別個の官として「伊都国」をはじめ「奴国」や「対馬国」をも管掌する国家機構であったといえます。

さらに、『三国志』魏志倭人伝には「一大率あり」と記されていますから、九州の伊都国以外の他の地域にも、たとえば宮城県、富山県以北、東北地方にそれぞれ大率が設置されていたのではないかと考えます。そこで、後世の宮城県の多賀城、秋田県の秋田城といった地域にも九州の大率と同じような機能をもつ大率があったと考えるのです。倭国女王卑弥呼・台与は、九州北部や東北地方という遠隔地での執政をこうした「大率」に担当させているのです。天皇が大率の大官に一部の権限を渡して、「九州を治めよ」、「東北を治めよ」と詔し「大率」という機関を設置し、派遣しているわけです。

奈良・平安時代、坂上田村麻呂《さかのうえのたむらまろ》は東北へ、大伴旅人《おおとものたびと》や菅原道真《すがわらのみちざね》は九州へ赴いています。倭国では中央の優れた皇子や官人を配置して九州・東北を治めさせていたのです。大和から派遣された官僚のもとに地元の人材を配置し、倭国の国策に基づく政治を担当させているのだと考えています。

平安時代、こうした大率のような組織は「遠朝廷」と呼ばれていました。倭国女王卑弥呼・台与の時代にも同様、こうした大率による九州・東北地方の経営がなされていたということなのです。

本州の中央、後の大和国＝「邪馬台国」に倭国女王卑弥呼や台与の王宮と朝廷がありました。そして、卑弥呼や台与は自らが女王として直接統治する領域を「女王国」と名づけて限定し、その外側、九州北部と東北北部に統治権の一部をゆだね、間接統治させる形で「大率」を置く形をとっているのです。つまり、女王国と大率の統治する両領域が倭国女王の統治する「倭国」となるのです。

倭国には倭国王がおり、その倭国王が直接統治している領域が女王国である。そして、その外側に倭国王の間接統治する地域「大率」がある。大率に率いられる北部九州と南奥州地方を含めて、全体を「倭国」と呼んでいたのだという考えが水野説なのです。

女王国と九州

こうした考えに符合する事例がたくさんあります。たとえば、後に九州で磐井《いわい》の乱（五二七年）がおきたとき、継体天皇が討伐の詔を出したことが『日本書紀』に記されています。「長門（山口）より東の方は自分が治めよう。筑紫より西はお前が統治し賞罰も思いのままにおこなえ。いちいち報告することはない」と、鎮圧の将軍だった物部麁鹿火大連《もののべのあらかひのおおむらじ》に印綬を授けて、統治権・裁判権を与えているのです。

また、仲哀天皇の時代、熊襲《くまそ》が貢物を差し出さずに叛《そむ》いているとして、自ら軍を起こして和歌山の徳勒津《ところつ》を出航、天皇は穴門《あなと》（長門）に上陸します。そして、呼びよせた皇后とともに山口県北豊浦郡に豊浦宮を営んでここを拠点にしているのです。奈良時代、聖武天皇の治世、藤原広嗣《ふじわらのひろつぐ》の乱に際しても同じようなことが山口県でありました。

天皇は九州や朝鮮半島に大事件が生じますと、本州と九州を二分し、その境界を関門海峡に引きます。おもしろいことですが、そうした女王国の門戸である山口県下関市付近からは中国とかかわり深い文物がたくさん発掘されています。たとえば、漢代の車馬の飾り金具である蓋弓帽《がいきゅうぼう》や触角式《しょっかくしき》銅剣などがそれです。

日本考古学協会の名のもとで金関丈夫《かなせきたけお》先生（当時九州大学）とご一緒に発掘させていただいた山口県下関市豊北町の「土井ヶ浜遺跡《どいがはま》」では、砂丘内からたくさんの弥生時代の人骨が発掘されました。日本で初めて大量に渡来系の人たちが来たことを証明した遺跡です。土井ヶ浜の人びとは、それまでの本州在来の人とくらべ、身長が高く顔高も高い。男女ともに顔かたちが違います。そうした渡来の人たちが弥生時代の早い段階でなぜ山口県に集中したのか。やはりここが、女王国の西端だからだ、女王国の門戸港津の地だからだ、と私は思っているのです。

このようにして、倭国女王卑弥呼は大和国＝邪馬台国に王都をおき、本州西端から東北地方南部までの間を直接統治し、「女王国」と呼んだのです。九州北部や東北地方の北には、それぞれ「大率」を配し、この両地の「大率」をも含めて「倭国」と呼んだわけです。しかし、東北地方の北から北海道には、後に「蝦夷《えみし》」と呼ばれる人たちの住む地域が広がり、南部九州には熊襲《くまそ》・隼人《はやと》と呼ばれた人たちの地域があり、卑弥呼の統率する「倭国」とは別世界をつくっていました。南部九州は「狗奴《くな》国《こく》」と呼ぶ、倭国外の政治圏がつくられており、男王卑弥弓呼《ひみゆこ》が君臨していたと『三国志』魏志倭人伝は記しています。卑弥呼女王の時代の倭国は、奈良・平安時代の政治構造と同様な構造であったといえるのです。

卑弥呼の登場

次に、卑弥呼の倭国王即位の事情を少しお話ししたいと思います。奈良県天理市に東大寺山古墳というりっぱな前方後円墳があります。ふもとに「和邇下神社《わにしも》」があります。この神社は古代天皇家の姻戚として有名な倭国の政治中枢で活躍した「和邇氏」の祖先をまつる神社と考えています。

東大寺山古墳は主体部が梅原末治《うめはらすえじ》・金関恕《ひろし》先生（当時天理大学）によって発掘調査され、「中平□年五月……」の年号を金象嵌で刻んだ立派な鉄刀が発見されています。さびを取り除いたものの、何年という部分はのこされていませんでした。しかし、立派な刀です（図13、三〇ページ参照）。中平年間は後漢後期、霊帝治世の年号で、六年間（紀元一八四〜九年）ありました。この大刀はその間に中国でつくられた鉄刀です。ただし、中平六年は五月までつづかず改元されています。『梁書《りょうしょ》』倭国伝（梁は六世紀前半に中国南朝におこった国）には、卑弥呼は後漢霊帝の光和年間（紀元一七八〜八四年）に起こった倭国の大きな乱れをふまえて即位したと記しています。卑弥呼は中平元年に即位し、その即位を中国後漢王室に伝える使節団を送った可能性が高くなります。その際、後漢王室に朝貢した品々の見返りとして、下賜されたものの中にこの鉄刀が含まれていたと考えたいのです。

じつは、卑弥呼が倭国女王として即位する直前、先代の倭国男王帥升《すし》の死後、王位継承をめぐってもめにもめており、政治が乱れ、国内が混乱し、収拾が難しくなっていたようです。そこで、倭国の重臣が相語り「あまりにも混乱がひどく、このままでは国が成り立たない。後継者には、中立の女性である名門の卑弥呼を新しく倭国王の位につけよう」ということになりました。『三国志』魏志倭人伝は倭国女王卑弥呼の誕生について、こう記しているのです。推古天皇の即位にも似たあり方です。

では、何が期待されて卑弥呼が倭国女王にたてられたのでしょうか。もちろん、政治的な実力があって即位したのではありません。王権の長い争いを回避するために執政のトップにある人たちの相談で擁立されたわけです。「女王不親政」といいますか、直接政治を執るのではなく、摂政となる男性を配して、神意を得て国や王権を護る王として臨むことが期待されていたのだと思います。倭国女王に卑弥呼が即位した光和・中平年（一八三～四年）から景初三年（二三九年）までの約五〇年間、彼女の政治的な動きは『三国志』魏志倭人伝に記されていません。

けれども、この間にも後漢王室や魏王室への遣使の往来はあったかもしれませんし、帯方郡や半島各地との交流も頻繁におこなわれたと思われます。しかし、『三国志』魏志倭人伝は魏明帝《めいてい》の景初三年、中国への倭国遣使団が到着したことを大きくとり上げ、以後、卑弥呼女王死去までの間の倭国の様子をくわしく記しています。景初三年の遣使は特別な意味をもつ遣使であったようです。

遣使を乗せた大型船

こうした後漢・魏王室への遣使の派遣は船を用いての遣使です。多くの船を従えた船団での渡海だったようです。船の構造については、少し時期が降るものの、天理市東殿塚《ひがしとのづか》古墳出土の円筒埴輪に見られる線刻絵画が参考になります（**図18上**）。

遣魏使節団をひきいる「大夫《たいふ》」の乗る船は中央に帆を配し七、八人水手《かこ》で漕ぐ長さ二〇メートル前後、舳先に鳥を止めます。この鳥は前方に異常があれば、人びとに事前に知らせる役割を果たします。船の前後両端はゴンドラのようにそりあがり、中央の帆柱の前後には二棟の屋形が設けられています。前方の大きな屋形は「大夫」の居る聖なる場所です。後ろの小さな屋形は「持衰《じさい》」と呼ばれる忌み慎み神をまつる男巫の居る場所だと考えます。持衰は船中、体を洗うことなく、船に乗って以降目的地に着くまでの間は髪をくしけずらず、髭もそりません。ひたすら神に仕え、航海の安全を祈る男巫です。持衰は無事航海が成功すれば、顕彰され、多くの対価を受け取ります。万一、台風や嵐に遭って船が破損する事態ともなれば、「持衰慎まず」ということで、海に投げ込まれます。人身御供にもなるのです。

船には舳先側に神の示現を表すシンボル―衣笠《きぬがさ》が樹てられています。神と航海の強いつながりが読み取れます。こうした船数十隻が難波津を出発、瀬戸内海を通って、伊都国に到着します。ここで「大率」の迎えを受け、最後の振舞いを受けてから、壱岐・対馬国をこえ、外洋を経て朝鮮半島の西岸を北上し、帯方郡に到着します。そこからは帯方郡の官人に率いられ、魏の都を目指してさらに旅することになるのです。

このような船の絵の刻まれた埴輪は、天理市にある東殿塚古墳―オオヤマト古墳群中の一基の前期の前方後円墳から発見されました。奈良県には海もないのに、なぜこのような立派な船を描くのだろうかとみなさんも不思議に思われるでしょう。私は弥生時代、大和平野には広く湖が残されていたのではないか、と考えています。有名な田原本町の唐古《からこ》・鍵《かぎ》遺跡は、弥生時代のこの湖へ流れ込む初瀬・寺川に面した大切な港町でもあったと思っています。使節団の代表者は、倭国女王卑弥呼のねぎらいの言葉を得て出発、大半の遺魏使節団の船は難波津に集結しており、やがて合流して出航してゆくのだと考えています。

また、最近では唐古・鍵遺跡で発見され「望楼」を刻んだ土器片が話題になりました（図19）。弥生時代後期の土器にヘラで描かれています。この望楼は大和の川や湖に浮かぶ船を看視し、また、出

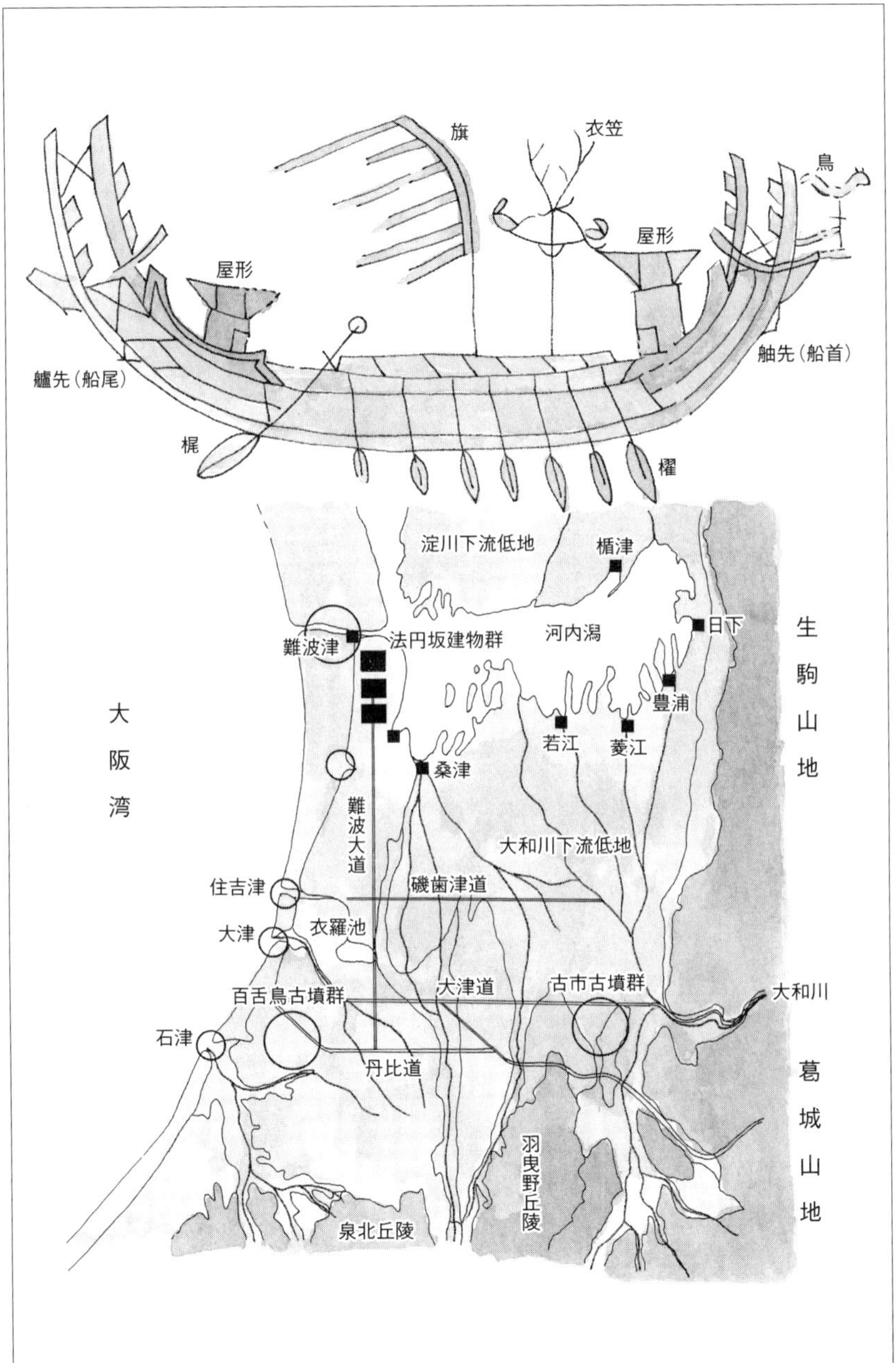

図 18　埴輪に刻まれた外洋構造船と大阪湾の津

航・入航を監理し、あわせて王都にその出入りを通知するといった役割があったと考えています。

後代の遣唐使は大型の構造船で、一般に一五〇人前後の人びとを乗せ、四艘、合わせて六〇〇人程度の人びとを従え、九州から直接中国に渡海しました。七世紀後半、日本が白村江の戦いで唐・新羅連合軍に敗れ、新羅が半島の統一を果たし、足がかりにしていた百済が完全に滅亡したため半島西岸を行く航路が失われ、結果、常に危険にさらされる中国揚子江（長江）河口に直接至る航路をとるようになります。一〇日間近くの航海日程中に、大風・大雨の影響を受けて多くの船と人命を失うことを覚悟のうえ、渡海するようになりました。

いずれにしても女王卑弥呼の時代、小型の多くの船で帯方郡役所を目指しながら、唐津から壱岐、壱岐から対馬、対馬から釜山へと島影を見ながら、いい天気を選び航海しました。とにかく見事な船

図 19　唐古・鍵遺跡出土の望楼を刻んだ土器片

絵の船であり、日本の当時の航海技術の高さが偲ばれるのです。

大陸との交流

整理しますと、倭国は中国に使節を送り、中国からも使節がきます。倭国女王卑弥呼よりも古い一世紀の日中交流には「貨泉《かせん》」などの銅銭が使用されています（図20）。

弥生時代の遺跡からは、最近、中国で流通していた貨幣が続々と発見されます。京都府久美浜町の函《はこ》石浜《いしはま》遺跡から出た貨泉は一九二〇年代の発見で、その後は福岡平野や伊都・壱岐・対馬国から続々とこの貨幣の発見が続きました。その分布が九州に集中するので、九州に「邪馬台国」がある証拠だと考えられたこともあります。私などは「そのうち大阪からも出てくるよ」と申しておりましたが、案の定、近畿自動車道用地の発掘調査で東大阪市瓜生堂《うりうどう》遺跡や八尾市亀井《かめい》遺跡と次々と発見され始め、近畿地方

図20　中国出土の貨泉

でもたくさん発見されるようになりました。ただし、奈良県内では平地の発掘調査が少ないものですから、貨泉の発見例はまだありません。しかし、これは時間の問題でしょう。むしろ、さかんに発掘調査をしています大阪府の中河内の集落跡からは、どんどん出てくるということがわかってきました。瀬戸内海航路の大和への玄関口であった中河内にたくさんの中国銭が流通していたことがはっきりしてきたのです。

最近では瀬戸内海航路の南岸・北岸の港からもこの貨泉がたくさん発見されるようになりました。たとえば、岡山県（岡山市高塚《たかつか》遺跡）からは二五枚がまとまって出ていますし、愛媛県（今治市赤岸《あかぎし》鼻《ばな》遺跡）でも出ています。日本海側の鳥取県（鳥取市青谷上寺地《あおやかみじち》遺跡）でもたくさん見つかっています。一世紀のころ、中国からの船の来着は九州にとどまりません。活発に瀬戸内海航路、日本海航路を使って、河内の港津へ、そして倭国王都のある大和にまで至ることがわかってきたのです。

4　倭国女王卑弥呼の実像に迫る

女王の都するところ

倭国女王卑弥呼の遣使団の姿をお話ししましたが、次は倭国女王卑弥呼の王宮の所在地とその具体的な姿についてお話ししたいと思います。

私はまず、邪馬台国＝大和国と理解していますから、王宮の所在地を「大和国の中の大和とはどこか」と自問するところから始まります。奈良県の中で大和国大和郡大和郷という場所があれば、かなりの説得力があるということになります。しかし、大和郡はありません。けれども共通する「山辺《やまべ》郡」はあります。「辺」は「べ」と読みますが、「戸」・「迹」と同じように土地を示す言葉です。ですから、「辺」を「と」と読ませることも可能と考えます。むしろ、同義語といえるのではないかと考えています。「委」・「倭」・「和」を「やまと」と呼びますように。

したがって、「大和国山辺郡」は「大和国大和郡」と同義文字だろうと考えるのです。そうすると、「大和国大和郡大和郷」の所在地が浮かび上がります。奈良県天理市にあります大和神社（オオヤマト神社）の所在地です。この大和神社の付近は大和の中の大和であり、最も歴史的背景の色濃いところといえるのではないかと考えています。

大和神社が崇神天皇の頃にこの地に誕生したことは『日本書紀』に明記されており、女王卑弥呼の時代にはまだこの地に所在しません。それだけに、倭国女王卑弥呼の王宮所在地は、大和神社周辺ではないかと推測するのです。最初は単純に「あの辺りかなあ」と思っていたのですが、研究の進んだ最近では、次第に「大和神社の位置に卑弥呼・台与《とよ》の王宮が、摂政の王宮はその東側に並んであったのだろう」とはっきり言い切りたい衝動にかられています。しかし、これはあくまでも推定です。早く神社周辺が発掘調査されて、王宮の手がかりを得ていただければよいのですが。

しかし、こう考えるには私なりの根拠があるのです。奈良盆地をかぎる東山の山並みの西側には二本の古道が知られています。一つは「山辺《やまのべ》の道《みち》」、もう一つは「上《かみ》つ道《みち》」です。この二本の道は東西に並行する直線の南北道です。

一方、生駒山の東側（大阪府側）にも、河内の「山辺の道」とでも呼ぶべき直線的な南北道が見られます。今日では「東高野街道《ひがしこうや》」と呼ばれている道ですが、見事な直線道路です。この道に沿って、弥生時代の集落が南北に連なります。壮観です。同様に、のちにつくられていく古墳や古代寺院もこの道に沿って並んでいます。古墳の造営もこの道が使われたに違いありません。

そうした目でこの大和の「上つ道」と「山辺の道」を見ますと、同様に道に沿い南北に古墳が並んでいることがわかります。「上つ道」と「山辺の道」の幅を西にとり、いま一つの南北の道を仮定し、三条の南北道を想定しますと、すべての古墳がこの三つの道沿いにつくられている、逆に古墳のつくられた時代には少なくともこの三つの道が南北に貫いていた状況が浮かび上がるのです。南北に伸びるこの三条の道を大和神社附近にまで延長しますと、王都の範囲が想定できます。ただし、この地域の古墳は卑弥呼の時代より新しく、まだ存在していませんでしたから、古墳群としての発展は後のことです。

道は南北に幹線道路があるだけではありません。東西にも横大路から北へ北へと幾条も走り、相互に縦横に交錯しています。後世の条里制のもとになる二〜三世紀代の地割りと道が存在すると考えているのです。この南北道と東西道の交点—巷がのちの古墳造営の拠点になっていくと思います。女王卑弥呼の王宮はこの「上つ道」にそって西側に、摂政の王宮は上つ道の東に、というように、「上つ道」を中軸線として左右にふりわけて営まれていたのではないかと思うのです。

先ほどから申し上げていますように、倭国女王卑弥呼や台与は一人で政治を執っていたのではなく、むしろ巫王として神と交流する神政を担う王として臨まれていたようです。王家の祖神や倭国の国霊を祀る王として存在されたのだと思います。政治の実務は男弟王のとるところであったことが、『三国志』魏志倭人伝にはっきり書かれています。

推古天皇と聖徳太子のような関係だと思うのですが、こちらは姉・弟関係ではありません。こうした二元的な政治の執り方になっていますから、男弟が政治を執る場所と女王卑弥呼が政治を執る場所の二区が必要と思います。卑弥呼は儀式・おまつりを、男弟は行政をつかさどるのです。そうすれば、二つの王宮が近接し、並存する形を考えるのが最も適切だと思います。そのとき、男性は陽の地―東を占め、女性は陰の地―西を占める。昼の政治は東、夜の祭事は西という思想も働いて、王宮が配置されていたと私らしく考えるわけです。

王宮の復元

その場合、卑弥呼の王宮はどのような構造かが問われるわけです。『三国志』魏志倭人伝には、女王卑弥呼の場合は常々王宮に住まいして「王となりしより以来、見る有る者少なく」と書かれています。「少有見者」という言葉は聖なる女王として穢れを近づけず、清浄を保つ、聖性をつよめるという巫王的性格から生じる現象です。

女王卑弥呼について同書はさらに、「鬼道につかえよく衆を惑わす」とも記されています。中国の神の世界観から見れば、外国の神は鬼なのですが、倭国女王にとっては「鬼道」とは日本古来の神をまつること、「神の道」そのものなのですから、神によく仕えたということを表現しています。また、「大いに衆を惑わす」の言葉は、倭国側からすれば、国民が彼女に心服している様子を表す表現といえます。整然と政治がおこなわれていたことを示す言葉です。したがって、「よく祖神や倭国霊に仕え、多くの人びとが彼女に心服している」と読めばよいのです。この場合は裏読みすればいいのだと思います。

「年すでに長大なるも夫壻なし」については、「すでに適齢期を過ぎているが夫やそれにあたるような男性はいない」、つまり、独身ということです。日本では神々に仕える女性は常に独身です。神が「夫」、彼女や巫女は、神に仕える女―妻なのですから、それでよいわけです。また卑弥呼は「婢千人をもって自らにはべらしむ」とも書かれています。彼女には一〇〇〇人もの女性がかしずく様子が述べられているわけですが、これには後世、各郡の郡司の娘が采女《うねめ》として、また各氏族の氏上《うじのかみ》の娘が氏《うじ》女《め》として都に送られていますが、こうした采女と氏女を合計すると一〇〇〇人近い数となります。女王卑弥呼の時代もよく似た制度があったと見るべきでしょう。決していい加減な数字ではないのです。女王卑弥呼は、平常はその人たちにもあわず、ただ、男性のみが一人出入りしている、と書かれています。この男性は女王卑弥呼に飲食を給したり、あるいは男弟の執政の言葉を伝え、卑弥呼の返す言葉を聴くという仕事をする大切な一人きりの男性です。

ところで、女王卑弥呼の王宮は、「宮室《きゅうしつ》・楼観《ろうかん》・城柵《じょうさく》、厳かに設け、常に人あり、兵を持《じ》して守衛《しゅえい》す」とあります。立派な王宮には楼閣が付属し、柵に囲まれ、厳重に守られていた様子がわかります。しかも、常に兵士が王宮の外側を守っているというのです。神聖・高貴・権勢ある倭国女王卑弥呼にふさわしい状況です。

ここからが問題です。倭国女王卑弥呼の王宮をこうした短い記事からどう復元すればよいのかということです。もう、何十年も昔から私は一枚の図を示して、倭国女王卑弥呼の王宮について、多くの人に問いかけています（図21）。

　図を説明しますと、女王卑弥呼の王宮は広大な環状、もしくは方形の空間からなると考えます。この空間には東西南北に門が備わります。外郭の「出入り口」です。その内側に方形の回廊状の建物がめぐり、やはり四方に内郭の門が開きます。もちろん、内郭と外郭の門は相互に軸を統一していると考えます。ここに天円地方の思想が表現されていることは、みなさんも理解いただけると思います。そして、四方の門から入って交点となる中央部分に円形（もしくは方形）にめぐらされた濠があり、中心に方形の立派な建物がひとつあります。建物を説明しますと、回廊状の建物は四辺には、取り付く楼閣をもつ門があり、四方が眺望できるような高層の建物になっています。中心の建物は四隅に望楼を備え四辺を細長い建物でつなぎ、三層になっています。

　こうした図から倭国女王卑弥呼の王宮が説明で

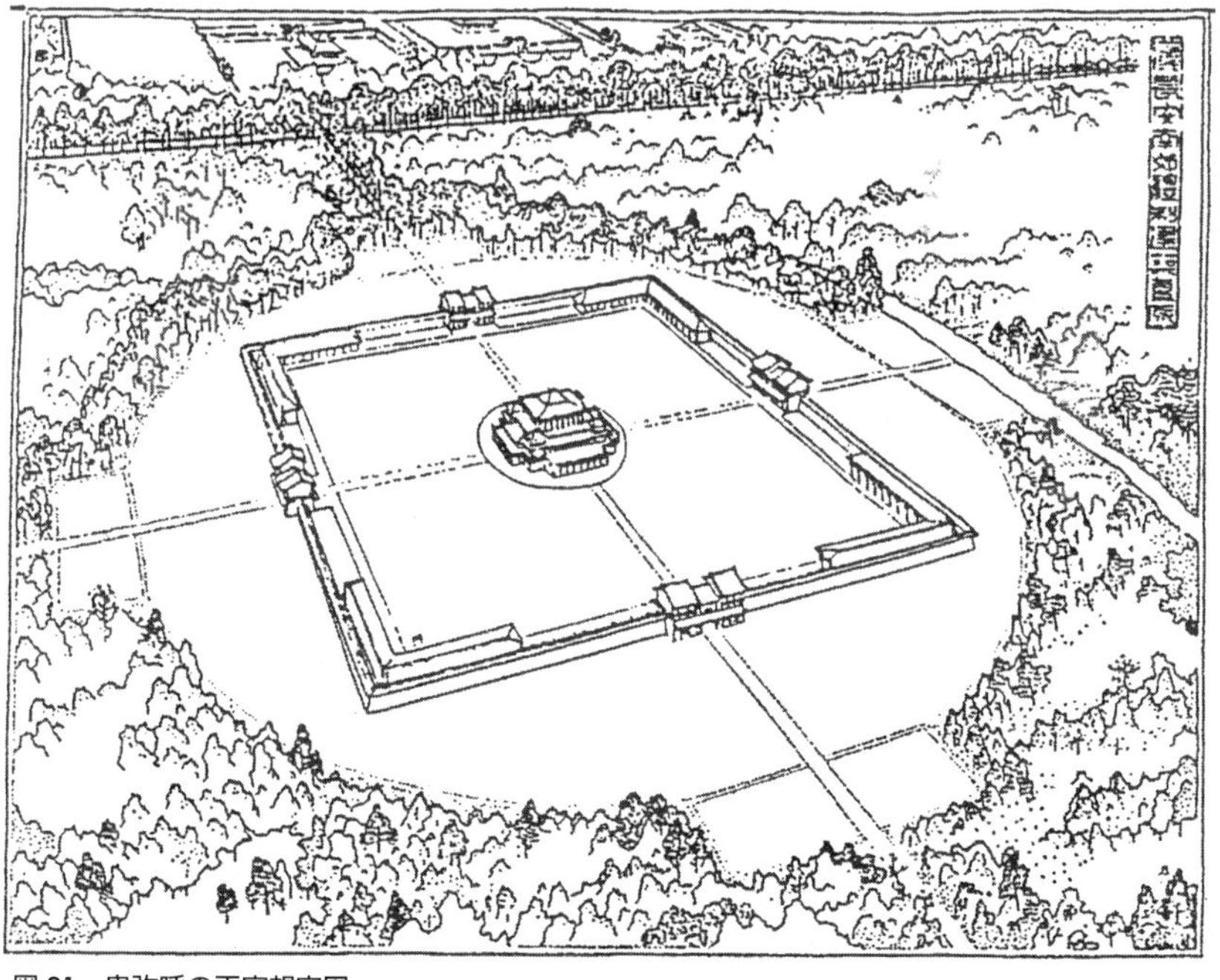

図 21　卑弥呼の王宮想定図

きると考えます。もちろん、図中の基壇や瓦葺建物、石造装飾や鋳造装飾などの存在はおおめにみていただいて、これをとりのぞけば王宮にピタリのイメージが浮かぶと思います。この図の建物は、中国では礼制建築と呼ばれています。秦の始皇帝のときの施設として、発掘されたものは明堂《めいどう》と呼ばれていました。明堂は即位した皇帝が、「天帝と天子」の縁を結び確かめる、天子が即位してはじめて天帝を祀る大事なまつりの建築です。都の外側に造られた特別な礼制施設だとされています。そのとき、随行する官僚は一〇〇〇人とされています。官僚たちは明堂に入ることは許されず、四門を取り囲む回廊状建物の四隅につくられた空間に勤めます。その外側を兵が囲むと記されていますから、卑弥呼の王宮のイメージに似たものとなります。そして、その中心建物内にあって、皇帝は天帝を祀るわけですが、この空間に相当する部分に女王卑弥呼が住むと考えるのです。

中国皇帝の明堂の実際は、倭国女王卑弥呼の王宮を考えるうえで一つの手がかりになるものです。ただし、最近の中国では、明堂と考えられてきた施設が「大学《だいがく》」ではないか、という説が強くなっています。いずれにせよ、皇帝が学ぶ施設としても、そこに行幸、滞在するわけですから同様な建物が必要なので、それはそれでまたモデルになりうると思います。

このように考えますと、多くの民家がたち並ぶ中にある佐賀県吉野ヶ里遺跡の環濠施設や楼観と称される施設（**図22**）は王宮とはなりえません。あのような構造・規模のものではありません。邪馬台国（大和国）にははるかに立派な倭国王宮があり、その中に倭国女王卑弥呼が神秘の女王として住まいしていたわけです。

幸いなことに最近、大和にあります御所市極楽寺《ごくらくじ》ヒビキ遺跡が発掘されました。四世紀後半から五

図22　佐賀県吉野ヶ里遺跡の中枢施設

世紀にわたり、大きな豪族であった葛城氏ゆかりの遺跡です。この遺跡では溝に囲まれた敷地の中に一棟だけ大きな建物がたち、敷地の隅にもう一棟、高い小建物をそなえた遺跡が見つかり、話題となりました。生活の匂いの乏しい施設だとされています。溝の外側左右には土塁があり、溝の内側、敷地の周囲には柵列と小門があります。倭国女王卑弥呼の王宮の姿にやや近い施設といえるかと思います。私はこの施設は、仁徳《にんとく》天皇皇后磐之媛《いわのひめ》、履中《りちゅう》天皇皇后黒媛《くろひめ》が葛城に帰郷した際に用いられる一種の皇后宮かと考えていますが、離れた近接地から厨房や諸施設をそろえた一画が見出されることを期待しています。そこで作られた食事が皇后のもとに運ばれてゆく姿をあわせて考えているのです。

これ以上に整然とした構造の建物などをそなえた遺跡が、天理市の山辺郷で発見されれば、私がまさに考えています卑弥呼の王宮になるでしょう。このように考えますと、倭国女王卑弥呼の生活の中まで私の目には見えてくるわけです。ヒビキ遺跡の大形建物の中核は、四周の柱が丸柱なのに、中心の部屋の柱は角柱—それも長方形断面の角柱だとされています。住まう人の中心にふさわしい部屋です。いろいろな飾文が彫られたり、愛用の品々がおかれた中での生活が展開したのではないかと思うのです。

こうした復元には、先ほどの中国の秦始皇帝が即位して天子に封じられる際の明堂をもとに考えました。見事な構造です。現在の建物とは違い、二階建てですが、上階は今日よりはるかに高いと考えます。部屋はしっかり仕切られ、上階の外柱には楯が吊されたり聖なる文様が施され窓や戸からの鬼や邪気を防ぐ構造になっていたと考えてはいかがでしょうか。これならば、倭国女王卑弥呼にふさわしい構造といえます。

先の吉野ヶ里遺跡では濠に囲まれた空間に多くの竪穴住居がありました。王宮がそのような構造であるとすれば、女王の生活は丸見えになります。卑弥呼は生活を見せないと書かれていますから、広い空間が必要です。王宮には合致しないあり方と言わねばなりません。

倭国王の王室

ところで、倭国女王卑弥呼の死後、王位は宗女台与が引き継ぎました。二代にわたる倭国女王です。当時は一代一都（宮）制をとっていたと思いますので、女王台与は卑弥呼死去のあと、都を移したと思います。女王台与の場合も卑弥呼女王のケースと同じで、男性が執政したことでしょう。女王台与の王宮は位置・形態が判明しませんが、先に示した卑弥呼の王宮に近接していたと推測できます。したがって、卑弥呼の王宮近くに台与も王宮を営んだと考えています。女王卑弥呼の王宮推定地、大和神社の北側には「兵庫」という地名もあり、こうした倉が多く整然と並ぶ姿も復原しますと、ごく近接していたか、同地に建て直したことも考えられるのではないかと思います。

倭国女王台与の後継者は『日本書紀』などに記されている「崇神《すじん》天皇」ではないかと私は考えています。その後は、垂仁《すいにん》天皇・景行《けいこう》天皇と、男王による王位継承が続きます。この三天皇の王宮もやはり上つ道の上に重ね合わせて並んでいたと考えています。

「崇神天皇」の宮は「磯城瑞籬宮《しきのみずがきのみや》」と『日本書紀』は書いています。宮の所在地は桜井市金屋周辺と考える人も多いのですが、それは間違いだと私は思います。磯城瑞籬宮は大和国磯城郡の内で「みずがき」という地名を探すべきです。

大神《おおみわ》神社の前を流れる初瀬《はつせ》川は東南から北西に流れ、一方で巻向《まきむく》川は西南に流れています。二つの川が合流する東側に「水垣《みずがき》」という地名が残っています。この「水垣」の地が「瑞籬（ミズガキ）」であることは間違いありません。三輪山麓の西に張り出した三角形の土地です。そして、その中央を南北に「上つ道」が、東側の山すそを「山辺の道」が並行して通ります。したがって、この「上つ道」を軸に崇神天皇の都はできたと考えています。

次に、垂仁天皇・景行天皇の王宮はともに「纏向《まきむく》」であることが記されています。崇神天皇の宮の北方、上つ道を北上したところに、今日も巻向《まきむく》の「珠城《たまき》」と呼ぶ地域があります。ここに営まれたのが垂仁天皇の纏向珠城宮《まきむくのたまきのみや》だろうと思います。つづく景行天皇の都は纏向日代宮《ひしろのみや》と伝えられています。「日代」という地名は現在残されていませんが、今日、多くの人は纏向珠城宮の東側に所在を推定されています。しかし、「纏向」という地名は北に広がっていますので、纏向珠城宮の北、上つ道を軸として営まれているものと私は考えます。

いずれにしても、この三天皇の王宮は、「上つ道」上に軸をそろえて、南北一列に並ぶことになるのではないかと考えます。こうした天皇の王宮の選地は、前代の女王卑弥呼・台与の王宮を勘案すると「上つ道」の軸上に一列に並ぶことになり、歴代の倭国王の王宮が営まれつづけたということになるのです。

みなさんは「眉唾物だ」と思われるかもしれません。しかし、大阪の上町台地にも台地を軸にする「難波の大道」があります。堺市から大阪市の大坂城の南、難波宮にいたる道です（**図18、五七ページ参照**）。この難波の大道は南北につくられた一本の直線道路です。今もこの大道にそい、大阪市内には大道町という地名が所々に残っています。

応神天皇の難波大隅宮《おおすみのみや》、仁徳天皇の難波高津宮《たかつのみや》、孝徳天皇の難波長柄豊崎宮《ながらとよさきのみや》、そして、奈良時代にも聖武天皇の難波宮《なにわのみや》など、この「難波の大道」上に次々と天皇の王宮が営まれてきました。都をつくるごとに大道の名が見えます。おそらく、古代の倭国王はみな大道を軸にして王宮をつくることを原則としていたのだと思うのです。

逆に言えば、こうした王宮の配置からみて、倭国女王卑弥呼の王宮も「上つ道」を軸に造営されたと考えて間違いないといえるようになるのです。ただし、倭国女王卑弥呼・台与、あるいは倭国王である諸天皇は、飛鳥・奈良・平安時代にみられる「京」と呼ばれる官人たちの住む空間はつくらなかったと思います。

5　弔問外交をうつしだす三角縁神獣鏡

卑弥呼の朝貢と外交

倭国女王卑弥呼は景初《けいしょ》三年(二三九)に魏に使節団を送りました。使節団を送りました理由はきわめて簡単なことです。魏王朝では、その年の正月一日に前皇帝の明帝《めいてい》が亡くなられたからです。皇帝が亡くなって、次の皇帝が即位するまでに時間がたってはいけませんので、即刻、斉王芳《せいおうほう》が即位するわけです。この死去と即位にともなって弔問・慶祝外交が展開されます。

ところで、倭国王が中国に使節団を送る機会はほとんどの場合が弔問・慶祝外交です。見事にタイミングがあっています。倭国女王卑弥呼の場合も、斉王芳がすぐに即位するわけですが、その情報が倭国に伝わるのは三月か四月でしょう。女王卑弥呼はそれならばと、直ちに慶弔外交として中国に使節団を出そうと考えたわけです。

準備を整えた使節団は六月に倭国を出発し、一二月に魏の都に到着しています。九州、大率から壱岐、対馬国を経て、朝鮮半島西海岸伝いに帯方郡に着きます。そこで帯方郡の役人に伴われ、新皇帝のもとに案内されて行くのです。新皇帝と倭国使節の対面は景初三年の一二月のことです。時間の経過は非常に大切です。一二月、それもおそらく年内ぎりぎりの到着だったと思います。中国の皇帝からすれば、最後に訪れてきた遠い異国からの弔問・慶祝外交団だったに違いありません。たとえば、後の百済とか新羅のような大陸とつながっている国は、距離も近いし、情報も早いので真っ先に使節団をおくることができたでしょう。しかし、遠くて情報の伝わるのに時間のかかる倭国の使節団だけにその年のうちでは最終的な到着であったろうということです。

倭国が新皇帝に献上した品々は『三国志』魏志倭人伝にいろいろと書き連ねられています。それに対して、中国の皇帝は「よくぞ遠いところから来てくれた。前の皇帝にとっても、私にとっても非常にうれしいことである」ということで、弔問・慶祝外交に対するお返しの品を倭国に下賜するのです。

お返しの中で最高の品物は布です。錦・フェルト・絹などの織物をたくさんもらいました。そして、皇帝は「倭人の好みのものは何だろうか」と聞きまして、その他にもいろいろな品物を与えました。卑弥呼は「倭国女王」ですから魏王朝は「親魏倭王《しんぎわおう》」という称号を授け金印を与えました。使節の代表達も中国の制度にあわせた位と印綬を授けられています。以後、この金印・印でもって互いの国交がおこなわれるということです。最も大事な王権のシンボルとなります。倭国遣使と会見した帝が最も驚いたのは、倭国王が女性だったことです。中国皇帝の歴史に女帝はいません。中国では政治は男性のとりおこなう「陽」の世界だったわけです。中国では、皇帝は男性が担当するものであるのに、倭国王は女性なのか、という驚きがあったようです。

「銅鏡百枚」と三角縁神獣鏡

それが理由であったか否かはわかりませんが、少帝《しょうてい》は倭国女王卑弥呼に特別な品物を贈りました。その中に、織物以外に「銅鏡《どうきょう》百枚」、「鉄刀《てっとう》二振」などがあります。こうした下賜の品々は、倭国に間違いなく送り届けられました。

それでは、この銅鏡がどのような鏡だろうかということが問題になります。それを見極めることは考古学者の仕事です。金関先生・石野先生以下、私たち考古学者が一生懸命考えるべきことです。歴史学者は銅鏡と書いてあるだけなので、よくわからないでしょう。四角い鏡か円い鏡かもわからないはずです。

まず、考古学者がこの「銅鏡」を探す場合、第一の手がかりにするのは、使節団が行きました「景初三年」の年号が入っている鏡があるか、ないかということが、一番手っ取り早い結果につながることになるわけです。じつは「景初三年」銘の鏡はあるのです。のちの古墳から出てくる銅鏡の中にあります。どのような鏡かといえば、「三角縁神獣鏡《さんかくぶちしんじゅうきょう》」と呼ばれる鏡なのです（**表3**）。

その鏡は形は円形、直径二〇～二四センチ前後、周縁部分の断面の形がとがり、三角形につくられ

銘文	景初三年	陳是作鏡	自有経述	本是京師	杜地命出	吏人銘之	位至三公	母人銘之	保子宜孫	寿如金石兮
1	○	○						○	○	
2	○	○	○	○	○	○	○	○	○	○
3	○	○				○	○	○	○	○
4	○	○	○	○	○				○	○

表3　三角縁神獣鏡の銘文

＊ 各銘文の年号は「景初三年」「景初四年」「正始元年」など、改変される場合もある。
銘文1　大阪府黄金塚古墳出土画紋帯同向式神獣鏡
銘文2　島根県神原神社古墳出土三角縁同向式神獣鏡・山口県御屋敷古墳出土三角縁同向式神獣鏡
銘文3　京都府広峯一五号墳出土龍虎鏡・伝宮崎県持田古墳群出土龍虎鏡
銘文4　兵庫県森尾古墳出土三角縁同向式神獣鏡・群馬県蟹沢古墳出土三角縁同向式神獣鏡

ています。鏡自体は薄いのですが、周縁部分だけは高く峰のようにとがらせています。中心には長方形の紐穴をもつ鈕《ちゅう》があります（**巻頭図版2上**）。

顔や姿をうつす鏡面部分は「模様でかざられた面」の裏側の面です。裏面といいますが、この面が顔をうつす表面なのです。よく磨いてあり、鮮明にうつります。博物館などで観るときは、文様が美しいものですから、ついつい顔のうつる側の面がうつ伏せされて展示されてしまいます。私たちは鏡の裏側ばかりを見ているのです。鏡面はなかなか見せてもらえません。

鏡の文様面には、神仙《しんせん》と仙獣《せんじゅう》の文様が入っています。「三角縁で文様が神獣の鏡」、そういう鏡です。この三角縁神獣鏡は中国でつくられたものですから、文様はきわめて鮮明で、小さな面積に細緻に鋳出されており、レンズで拡大して見ても堂々とした表現力をもつ豊かな文様です。そういう鏡を百枚もらってきたということです。

百枚が贈られた理由ですが、倭国のすぐれた人びとは古くから大変な鏡好きだったようです。弥生時代の九州の甕棺墓に葬られた人びとにはたくさんの中国鏡が副葬されていますし、割れた鏡の破片すらペンダントにする場合がありました。鏡が倭国でたいへん好まれていたことがわかります。

日本は外国から侵攻されることのない平和で豊かな国です。倭国使節団はおそらく、「皇帝の指示にもとづいて倭国女王卑弥呼のため鏡をつくるアトリエ（工房）」に出向き、鏡―三角縁神獣鏡を特別に追加注文したようです。対価である布などを用いて二〇〇〇～三〇〇〇枚前後つくらせたようです。

表向きの国交で与えられた鏡は確かに女王あての百枚です。しかし、その裏で使節は二〇〇〇～三〇〇〇枚もの鏡をつくらせ、倭国へもち帰ったというのが私の考えです。何も求めずに手ぶらで帰る使節はいないと思います。慶弔外交のみならず文化交流も一つの大目的ですから思い切って大量にいろいろの文物を買って帰るはずです。「日本では古墳から現在、四七〇面ほど三角縁神獣鏡が発見されている、まだまだ増えるだろう、しかし記録では一〇〇面だから卑弥呼女王に下賜された鏡は三角縁神獣鏡ではない」という意見もあります。しかし、この意見は「外交が何たるか」を理解しておられない見解だと思います。「一言われれば十持ち帰る」という方法が外国との外交の常識だと思います。正倉院にあるすばらしい品々、その一つ一つは、いつどのようにして日本に到来したかわからない文物だという状況を考えてください。厖大な中国文物の導入、帯帰が使節団の背景にはあるのです。

ですから、逆の言い方をすれば、三角縁神獣鏡は二〇〇〇枚、三〇〇〇枚日本から発見されてもよいのではないかと思います。決して「百枚」だけとは考える必要はないということです。しかも、使節団が倭国に帰りますと、この鏡を型取りしまして、鋳型をつくり、日本で新たに鋳造も始めています。そうすればまったく同じ文様の鏡ができます。直径が少し小さくなるとか、模様が少し荒れるとか、技術的な問題はありますし、文様のつぶれた部分を後に補修するといったこともあります。しかし、そうしたハンディがあっても鏡はつくられました。それほど日本では当時、鏡への想い入れは大きかったのです。

不可解な年号

ところが、もともとは中国でつくられた鏡ですから、銘文を調べ、文様を検討しますと、はっきり中国製であることが確かめられます。そのうえ「景初三年」銘など、魏の年号を銘した鏡が何面も見つかっています（**表3**）。それだけではなく、三角縁神獣鏡ではないものの「赤烏《せきう》元年」三国の中の一、「呉《ご》」銘など、呉の年号を銘した鏡も二面見つかっています。

まず、魏の年号鏡を考えてみましょう。景初三年六月に倭国女王卑弥呼の使節団が日本を出発して、一二月には魏の都に到着します。魏の皇帝は接見し、すぐに鏡の鋳造を命じたとしても、一二月はあとわずかであったはずです。しかし、鋳造工房は直ちに鏡作りに着手、まず「景初三年」という年号が鏡に鋳込まれました。ところが、ここに問題が生じました。景初三年の一二月末が近づいて、鋳鏡師のアトリエ（工房）は困ったと思います。即位した少帝は、新しく来る年の一月を期して改元《かいげん》するはずなのに、一向に指示がでない。新年一月からは「どのような年号なるのかなあ」とアトリエは悩んでいました。国中、いろいろな所で同様に困っていたと思います。「景初」の年号がつづくのか、新しい年号に変わるのか悩んでいましたが、一向に決定されません。なかなか決定がないものですから、もう改元はないのではないかと考え、景初四年とつづくとアトリエは考えたのでしょう。「景初四年」という年号をもった鏡がつくられることになりました。ところが、魏の朝廷は迷いに迷い、景初三年の一二月の終りに、翌年の一月は「景初三年後一二月」とすることを決めました。一二月と後一二月の二カ月が景初三年にあることになったのです。ですから、景初三年は一三カ月あったことになります。次の年号は二月一日をもって、「正始元年」二月という元号に改めることになったのです。鏡の製作はつづき、「正始元年」の年号をいれた鏡がうまれることになるのです。「景初四年」は、ついにありえない年号となりましたが、皇帝から倭国女王に下賜する鏡でなければ、逆にいえば倭国の意志でつくらせている鏡であれば「景初四年」であってもいいのではということになったのではないかと思います。倭国使節は「値切った」かもしれません。

女王卑弥呼の使節団が何カ月間、都に滞在していたのかはわかりません。おそらく、航海のための風や海流を見ながら四月頃には出発し、一〇月頃には日本へ帰ってきたことでしょう。その頃にはもう正始元年の年号が使われていたわけです。つまり、景初三年・景初四年・景初三年後一二月・正始元年という四つの年号にわたる期間、都に滞在した使節団なのです。

こうした事情を反映して、三角縁神獣鏡には「景初三年」銘をもつもの以外に「景初四年」・「正始元年」銘の鏡があります。このような銘文は当然中国でその当時につくられた鏡であることから起きた混乱です。倭国でつくられた鏡ならば、このような混乱は起こらなかったはずです。日本でこうした鏡をつくる場合、国内に流布させるためならば中国の年号をわざわざ鋳込む必要はありません。「景初四年」銘の鏡の存在で、三角縁神獣鏡を日本製だろうという方がいます。しかし、中国ならありえても、日本ではありえない年号表記なのです。「景初四年」銘の鏡は中国の改元の動向がそのまま表れている年号だろうと私は思います。

6　三角縁神獣鏡の銘文

銘文は語る

古墳から発見された四面の魏の紀年銘鏡の銘文をすべて書き出して、分析すると大事なことがわかります（**表3**）。「景初三年」・「景初四年」・「正始元年」の銘文をもつ鏡は年号に続く吉祥句を見ると文節ごとに見事に共通するもので、同じ文章を基本にしていることがよくわかります。それは同じ工房、すべて「陳氏」工房でつくられたということです。銘文の共通性からも日本製ではなく、中国製であることがわかります。

ところが、中国社会科学院の王仲殊《おうちゅうしゅ》先生が三角縁神獣鏡について新たな説を提示されました。「景初三年」銘の三角縁神獣鏡の銘文の一部に「絶地亡出《ぜっちぼうしゅつ》」という一文が読める、といわれるのです。それは島根県神原神社《かんばらじんじゃ》古墳から発見された三角縁神獣鏡に見られる銘文です。この鏡が発見されたとき、日本の研究者は検討し、「杜地《とち》□出《しゅつ》」としか読めないと考えました。ところが、先生は「絶地亡出」

と読まれました。そして「中国の地を絶って、亡命して倭国に出てきた」という意味だと説かれたのです。さすがは漢字の国の方です。この短い文章からそこまで読み取れるのか、と感心します。

しかし、この読み方では「誰が」という主語がないわけです。非常に問題です。その問題を解決するために、一番よい方法は、この鏡の銘文をもつ神原神社鏡を何度も見ることです。ですから私は島根県へ行くたびに「八雲立つ出雲風土記の丘」によりまして、その場、その場でこの鏡の銘文を観察させていただいております。一回だけでの観察では読み違えることもありますから、何度も何度も観ます。何度もこの鏡を出していただき観ています。

ところが、何度観ても「絶地亡出」とは読めません。「絶」字は糸偏にはならず、明らかに木偏です。つまり、従来の読みどおり「杜」という字でいいわけす。「亡」も読みにくい字です。上の横線から右端から下の横線の中央へ反《そ》りのある線が引かれ、上下横線は、ともに反りがつけられています。上の横線の上に一点あれば「之」字となります。したがって、「杜《と》地《ち》之《の》出《しゅつ》」と読むほうが正しいと私は思います（図23）。こう読みますと、魏の都洛陽《らくよう》のすぐ近くに杜陵県《とりょうけん》があり、銅山があるとききます。陳氏がこの地の出身だといっているわけです。ということは、この銘文からするかぎり魏の都にアトリエを構える杜陵県出身の陳氏の工房でつくられた鏡ということになります。呉国からの亡命工人が倭国に来てつくったという意味には到底とれません。実物は日本にあるのですから、三角縁神獣鏡を論ずる人は机上で討論せず、必ず実物見て論じてほしいものです。

一方、中国からもち帰ってきた鏡から型を取って三角縁神獣鏡をつくることが可能なことは先に述べました。文様などを好きなようにかえて、似たようなものをつくることも可能です。そのような鏡

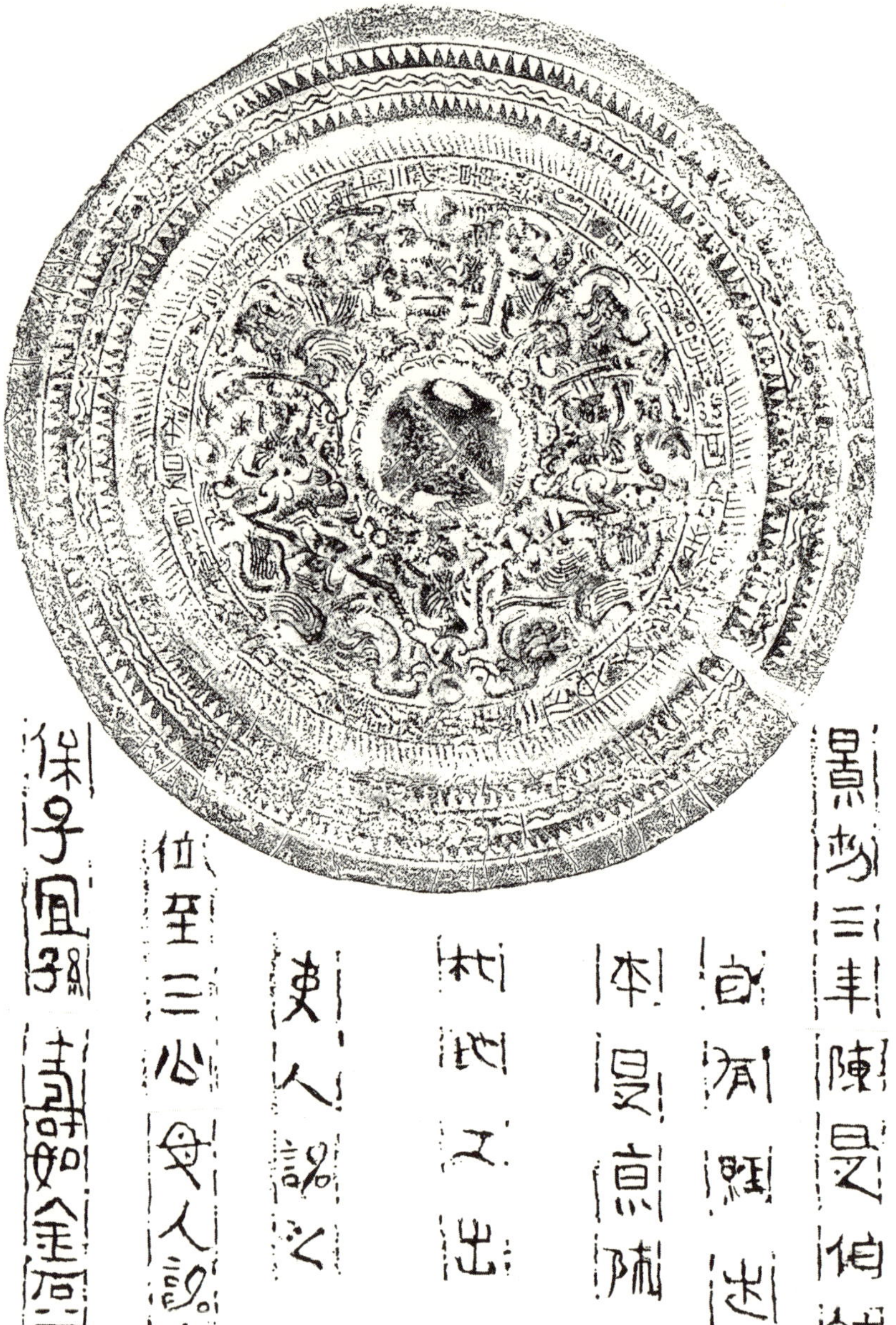

図 23　島根県神原神社古墳出土鏡とその銘文拓本

も現実にあり、「仿製の三角縁神獣鏡」の一部を構成しています。

国内でこうした鏡をつくった可能性のあるところはどこかといいますと、奈良県田原本町内に鏡作神社が四社もあることが注目されます。この地に古く鏡作郷《かがみつくりごう》があります。弥生時代の著名な遺跡─唐古・鍵遺跡の隣接地です。両者間にどのような関係があるのかはよく判りませんが、注目すべきことです。

鏡作神社四社中、鏡作坐天照御魂《かがみつくりにいますあまてらすみたま》神社（図24）が最も大きく、しかも三角縁神獣鏡が神社に所蔵されています。三角縁三神二獣鏡ですが、縁の部分が失われています。鏡作神社がこのような鏡をもっているということは鏡を製作するときのひとつのモデルであったのではないかという人もいます。その可能性は別としても興味ある郷名です。

図24　奈良県田原本町の鏡作坐天照御魂神社

7　三角縁神獣鏡の配布と分有

三角縁神獣鏡の配布者

三角縁神獣鏡は京都大学の小林行雄《こばやしゆきお》先生が京都府椿井大塚山《つばいおおつかやま》古墳の鏡群を整理・研究されたときに、全国から発見されている鏡を「同じ鋳型でつくられた鏡」ごとに整理されました。三角縁神獣鏡の文様にはいろいろな種類がありますから、同じ鋳型でつくられたものを観ていこうという方法です。同じ鋳型でつくられた三角縁神獣鏡は多いもので五面から七面くらいあります。一つの鋳型からうまくいけば一〇面くらいつくることができたと言われています。

それぞれの「鏡式」が全国のどこの古墳から出てきているかが表や図にされました。三角縁神獣鏡には細かな違いがあります。小林先生は違いをより細かく見ていこうとすることが大好きな方でした。三角縁神獣鏡を細かく分類したことが成功しまして、同じ鋳型でつくられた鏡が全国のどこそこと、どこそこの古墳に納められたのかがわかってきました。

小林先生は景初三年の派遣使節団がもち帰った三角縁神獣鏡が椿井大塚山古墳の被葬者を通じて、全国に配られていったのだろうという配布論を展開されました。同様にもうひとり、岡山県備前車《びぜんくるま》塚《づか》古墳の被葬者も、またこうした鏡の配布者だろうと考えられました。二人の配布者が三角縁神獣鏡を配るのだというストーリーがつくられたのです。

当時、山城国や吉備国の人たちが配布を担当し、その結果、全国に三角縁神獣鏡が拡散したという説なのです。この説は一躍有名になり、歴史学者も考古学者も、その整然たる論に驚きました。しかし最近、奈良県黒塚古墳から三三面の三角縁神獣鏡が発見され、同じ鋳型でつくられた鏡も同様に全国に広がっていることがわかりました。黒塚古墳の被葬者も配布者なのか、ということになります。調査にかかわった方々が、今後どのように見解を出すのかが注目されます。いずれも、多数の鏡をもつ古墳が見出され、同じ鋳型でつくられた鏡がたくさんあれば、それらは配布者ということになります（**巻頭図版1**）。一方、たくさんの鏡を発見しましたが、三角縁神獣鏡を含まない古墳もあります。その場合は、どう考えるのかという問題もあります。

「銅鏡百枚」の行方

三角縁神獣鏡は景初三、四年から正始元年（二三九〜二四〇）にわたって魏の鋳造施設でつくられ正始元年、倭国女王卑弥呼のもとに届けられただろうと私は考えています。それ以後、何度も倭国女王卑弥呼の遣魏使節団の派遣はあります。こうした機会に銅鏡が日本に運ばれることもあったかもしれません。しかし、その遣使は、弔問・表敬外交ではありませんから、鏡が下賜されるかどうかはわかりません。

正始元年に届けられた魏の少帝下賜の三角縁神獣鏡一〇〇枚は当然、女王卑弥呼の蔵（王蔵《おうのくら》）に納められます。女王卑弥呼も女性です。私は、三角縁神獣鏡を手にした卑弥呼は自らの用に若干枚はとりわけたとしても、大半は好物とされる文物と共に王蔵に納めたものと思います。しかし、使節が求めてきた大量の鏡は「朝廷の蔵（大蔵《おおくら》）で管理しておきなさい」ということになるはずです。なぜなら、この使節団には魏の皇帝から「倭国上貢の文物へのみかえりとしての物品」と「倭国女王への下賜品の好物」が区別されて渡されているからです。それに、遣使団がもとめてきた多くの文物もあります。二〇〇〇〜三〇〇〇枚を推測している三角縁神獣鏡もその中の一つです。「倭国女王に与えられた好物」を除くすべての文物は、管理を国家の手でということで、大蔵に納まったのだろうということです。銅鏡は毎年磨かねば曇っていきます。刀などとあわせ、春・秋には専門に磨く技術者が王蔵や大蔵に派遣されていたと思います。

奈良県天理市石上《いそのかみ》神宮が大量の武器を保管し、後には物部氏《もののべし》がこれを管理していたことは『日本書紀』に記されています。武器には武器を納める蔵、鏡には鏡の蔵、布には布を納める蔵がそれぞれあったと思います。もちろん、鏡などは小さく容量のないものですから、東大寺の正倉院《しょうそういん》のように他の文物とあわせて蔵入《くらい》れされる場合もあります。こうした品々は女王卑弥呼が死去したのち、女王台与の時代になっても蔵の中に納められていたと考えています。興味ぶかいことに、私が倭国女王卑弥呼の王宮があると考えています奈良県天理市の大和郷の北側に、いまも「兵庫」という地名が残されています。おそらく、こうした文物とかかわりあう地名でしょう。

後の時代ですが、こうした蔵の実態は発掘例からわかります。和歌山県鳴滝《なるたき》遺跡の倉は紀伊津の倉、大阪市の法円坂《ほうえんざか》遺跡は難波津の倉とよぶべきものです。五世紀代の並び蔵が、両遺跡で確認されているのです。国家の重要港津に配された大蔵の一つだと考えています。

崇神天皇の時代

こうした倭国女王卑弥呼に与えられた銅鏡や使節が持ち帰った大量の鏡は、卑弥呼の後嗣―倭国女王台与の手を経て、崇神天皇に引き継がれたと私は考えています。崇神天皇はハックニシラススメラミコトと呼ばれています。鏡などはこの崇神天皇の時代がきますと、大きく取り扱いが変わるのではないかと思います。二代の女王はともに女性ですから「鏡」を大事に取り扱い、管理してきました。剣や玉についても同様です。

しかし、崇神天皇の時代になりますと、「鏡・玉・刀剣」は皇親や王宮に勤務する上級官僚、近侍する官僚（女性も含めて）、地方に出た皇子皇女、そのかかわりをもつ名家、豪族たちへの配布の対象物となっていくように思います。

きわめて小規模な古墳―一辺二〇メートル前後の小さな古墳の被葬者にも鏡が配られています。私は朝廷が大豪族にのみ配布するというような形ではなくて、崇神、垂仁、景行天皇の時代、外征する将軍や派遣官人、あるいは政治中枢にある皇族や官僚、天皇に近侍する人びと、すぐれた采女や彼女らを出した地方の氏に配られていくと考えれば、小規模な古墳の被葬者でも配布の対象になるのではないかと思うのです。

現実に、配られているわけです。ずるい言い方ですが、大王のまわりにはいろいろな職業の人びとが、たくさんかしずいています。采女や氏女など、女性だけでも一〇〇〇人近くいたはずです。女王卑弥呼にも、そういう人びとがいました。大豪族でなくとも、大王が「この人は」と認めた人たちに鏡などが配布されているとみてもよいと思います。

8 「賻物」としての三角縁神獣鏡

崇神天皇の時代、王宮の円卓会議で前方後円墳が創出されます。その際に、死者に与える「賻物《ふもつ》」の種別も定められました。古墳に納められている大量の三角縁神獣鏡や玉・刀剣は生前に与えられたものではなく、死にのぞんで、ときには死の直後に天皇の命で「賻物」として「蔵出し」され、配られたのではないかということです。古墳の被葬者の手元に入った時期はいつか、ということが問題なのです。

三角縁神獣鏡副葬の意義

三角縁神獣鏡は魏の皇帝から下賜された一〇〇枚と、彼地で使節団が鏡工房から求め、帯帰したものと、それらを型どりして日本のアトリエでつくった仿製鏡と呼ばれる三種類があります。一〇〇枚は精選された鏡ですが、他は粗製なものもありました。私は、女王時代から蔵に納められていた鏡が「賻物」として崇神天皇の時代にいっせいに配布されていくのだと考えています。蔵に保管されている鏡が納められたままなら、後世まで伝世していくはずだと思います。

亡くなるときに贈られる品物は難しい漢字を使って「賻物」と呼んでいます。たとえば、大化改新で有名な藤原鎌足は亡くなる前に大職冠《たいしょくかん》を贈られ、亡くなった直後には、天智天皇は藤原家に出向かせ「賻物」として、金の香炉を贈ったと記されています。

このような「賻物」は鎌足の死に伴いどのように扱われたか、まずいえることは、他の人が使えるものではないということです。家宝として代々伝えるか、墳墓に納めるかでしょう。

古墳に鏡が納められる場合、被葬者が別途手に入れ、生前から大事にしていた鏡ならば棺の中の頸部や頭部付近に納めるでしょう。よく使われた鏡が副葬されているケースが多くあります。もちろん、賻物の一部を天皇から贈られたものだからということで頭部や胸に置くこともありえます。しかし、棺の外側には「賻物」として天皇から贈られた刀や鏡がずらっと並べられていくことこそ想定しておかねばならない大事な所見です。奈良県の黒塚古墳の石室と木棺の間にコ字形に鏡を並べた配列や島《しま》の山《やま》古墳の粘土槨に車輪石や鍬形石が大量にはり付けられているケースも賻物ならではの現象だと思います。

使われ方によって、賻物が棺に入れられる場合も当然あったでしょう。しかし、鏡の呪力によって、悪い鬼が入ってこないように防ぐという意味から死者や棺を護るために、その外側に並べおくこともまた、「賻物」の性格であったといえるかもしれないのです。

もし、このような「賻物」を多くの人が見守る中で、「倭国王より下賜された鏡」ということで棺外に一枚ずつ納めていくような儀式をおこなえば、被葬者を再認識する、追悼するうえに、より効果的な儀式になります。「葬具」として効果抜群なのです。

たとえば、現在の葬礼でも参列した一人ずつが、棺の中に花を添えていくことがあります。同様に、奈良県黒塚古墳の場合、家族や重要な人物が一人ずつ賻物の三角縁神獣鏡を一枚ずつ葬司に手渡して棺の外側に並べてもらうといった儀式があったとしましょう。三三面ですから長い厳かな時間を必要としたことになります。そうしますと、その儀式の中で賻物の鏡は、大きな効果を発揮したことになります。私は三角縁神獣鏡は非常に大事に扱われたと考えています。鏡の使われ方を「賻物」として考えよう、ということです。

古墳時代のはじまり

私は三角縁神獣鏡がはじめて朝廷の蔵から蔵出しされた時期は、おそらく崇神天皇の治世だと考えます。二九〇年ごろに始まると思います。崇神天皇の治世は長かったと考えています。天皇の治世に「前方後円墳」という整った形の古墳が創造されたのです。それ以前の「前方後円（方）形」墳墓とは、まったく別のものです。

前方後円（方）墳以前に鏡が蔵出しされることはほとんどなかっただろうと考えています。ところが現在、古墳時代の年代観が非常にゆれています。それは、大きな前方後円墳がつくられる以前に「前方部が非常に短い纒向石塚型と呼ばれるような墳墓」が大和で見つかりはじめています。こうした墳墓を含めて古墳・前方後円墳の概念に含めようとされるために、時代を遡らせる結果になっているのです。このような古い形の墓は奈良県桜井市の中でも、三輪山のふもとの「茅原《ちはら》」と「太田《おおた》」いう地域に集中しています。

しかし、このような形の墓を、私は古墳と呼んではならないと思います。私はヤマトトトヒモモソヒメの墓だといわれる奈良県箸墓古墳や崇神天皇陵古墳と呼ばれる前方部が長く、しかも後円部と前方部と両者の間をつなぐ道が明確に誕生した墳墓から、はじめて「古墳」と呼ぶべきだと考えているのです。

「茅原」と「太田」に築かれた「纒向石塚」型の墳墓はこの地に居住した出雲氏にかかわる地域の墓制だと考えています。倭国女王卑弥呼も、もしかすると倭国王帥升と出雲氏の女性の間に誕生したのではないかとも考えていますが、そういう人たちがつくったものです。形は前方後円墳に似ていますが、前方後円墳とはいえない、以前のものです。前方部や後円部の機能が両者は明確に異なるのです。

倭国女王卑弥呼は、三角縁神獣鏡の「蔵出し」・「配布」・「賻物」化について、まったくあずかり知らなかったと考えています。

今日は、いろいろ、昨今の考古学の考え方とは異なる私の考え方をお話ししました。考古学は、いろいろな見解を述べ合いながら進展してゆく学問です。皆さんも、大いに考え、語っていただければありがたいと思います。ご清聴、感謝します。

コラム2
三角縁神獣鏡の種類と系譜

三角縁神獣鏡の発見面数

わが国の弥生・古墳時代の遺跡・古墳から発見される舶載鏡は約一五〇〇面、そのうち約五〇〇面が三角縁神獣鏡である。概数でしかあらわせない理由は、盗掘された古墳から小さな破片となって発見される場合も多いからである。その場合、一面の鏡が壊れた同一個体なのか、複数の鏡の破片なのか判然としない。

また、出土の伝承のみで現物が失われた鏡や、逆に発見地がわからなくなった三角縁神獣鏡も数多くある。近年では奈良県の個人蔵鏡から三角縁九神三獣鏡の破片が確認された例（図25）と、兵庫県龍野市の旧家から完形の三角縁二神二獣鏡が確認された例がある。

このように、三角縁神獣鏡は舶載鏡の中ではもっとも普遍的に発見される鏡式である。ところが、大陸での発見例はまだない。面径は二〇〜二五センチの間に九〇パーセントが入る。普遍的な中国鏡は面径一〇〜一五センチ前後が大半であるから、特別に規格された大型鏡である。

さらに、同笵鏡と呼ばれる同じ紋様・同じ形態の鏡が多数確認されている。これは後漢から三国時代の中国鏡にはない特徴である。現在、百種類ほどの紋様が確認され、七〇以上の種類に同笵鏡がある。

同笵鏡は字句のとおり、同じ鋳型で作成された鏡を示すが、舶載三角縁神獣鏡の場合、そう考える研究者は少ない。精緻な紋様を刻んだ真土《まね》による鋳型は再利用が難しいからだ。一面の原鏡に粘土を押し当てて多数の鋳型を作成する込め型による踏み返し技法という考えが示されており、製品の観察だけでは決着をみない。

ただし、仿製三角縁神獣鏡と呼ばれる末期の型式の鏡には、壊れた鋳型をつなぎ合わせて鋳造した粗製品があ

図 25　新発見の三角縁九神三獣鏡片（上）とその同笵鏡（下）

る。仕上がりは非常に粗末ながら、これは確実に同笵鏡の製作法である。

三角縁神獣鏡の種類

三角縁神獣鏡は名称の由来となった三角縁を特徴とする。他の神獣鏡は画紋帯や銘帯など断面が平らで分厚い外縁をもつ。中国では神獣鏡に三角縁の鏡はみない。しかし、画像鏡・方格規矩鏡・龍虎鏡など、後漢末から三国時代の鏡に三角縁を採用したものが増える。三角縁鏡は時代的な流行であることがわかる（図26）。

三角縁神獣鏡の内区紋様は、鈕を中心に神像と怪獣を交互に並べた求心式の型式が主流である。三角縁二神二獣鏡から三角縁九神三獣鏡まで、その配列は多様だ。この他、面径や外縁は三角縁神獣鏡と共通し、内区主紋様が環状乳神獣鏡・同向式神獣鏡・神人龍虎画像鏡・龍虎鏡など、他の鏡式の紋様を借用した鏡がある（図27）。いずれも初期段階の少数派と考えられている。

さて、主流派の求心式になる紋様構成は神像が二人単位となる複像式と、一人ずつの単像式に大別できる。これらの像は四個から六個の小乳で均等割された区画にちりばめられ、多様性をもつ。

神獣鏡の図像は、もともと神像である西王母《せいおうぼ》と東王父《とうおうふ》を対置させる構図である（図28）。男性の神像はあぐら座りでも、女性の神像は立像のはずである。また、神像はそれぞれ両脇に脇侍や怪獣（龍・虎など）を従える。この構図が分解されて、男女の区別がない神像と龍・虎の区別がない怪獣が複数配置された構図の鏡が創出された。三角縁神獣鏡である。したがって、図像の意味を無視したか、よく理解していない工人が紋様の多様性を重視して創作したと考える。

系譜と型式変化

このように創作された三角縁神獣鏡は紋様の精粗や簡略化の度合いから、一定の時間幅をもって製作され続けたと考えられるようになってきた。以前の分類では、卑弥呼の下賜鏡であることを前提に一時につくられたと考え、型式差が軽視されてきた。

三角縁神獣鏡の型式は外区形態・銘帯・特徴的な紋様

図 26　外縁が三角縁の方格規矩鏡（左）・龍虎鏡（右）

図 27　三角縁龍虎鏡（左）・三角縁神人龍虎画像鏡（右）

図 28　神獣鏡の東王父（中段）と西王母（下段）、求心式神獣鏡（左）・二神二獣鏡（右）
（＊東王父・西王母は冠と髪飾りの違いで区別できる）

によって五段階に設定されている（図29）。外区形態は断面が厚く、三角の突出が小さな型式が古く、次第に薄く、そそり立つ三角が強調される型式へと変化する。これによって、強度を保ちながら原料と重量を軽減させることが可能となる。

銘帯は紀年をもつ長文がめぐる型式が古く、文字の間に小乳を付加したり、「天王日月」・「君宜高官」を繰り返し、間に唐草紋・龍紋・双魚紋などを配置する鏡が新しい。銘帯のかわりに複線波紋帯をめぐらせる鏡も多く、小乳の付加や銘帯に唐草紋を刻む鏡とあわせ、中国鏡の約束事から逸脱する。これも三角縁神獣鏡鋳造工人の創作である。

また、新しい型式の鏡ほど、先にあげた銘帯中の唐草紋や内区小乳に取り付く笠松紋様に形骸化が進行する。いずれも本来の意味が失われ、ついには唐草紋が渦巻紋に、笠松紋が乳の捩り座に変化してしまう。

このような時間的変化をさらに細かく突き詰める研究として、三角縁神獣鏡の神像や怪獣の顔の表現方法を整理して、作鏡工人を系譜づける成果がある。その

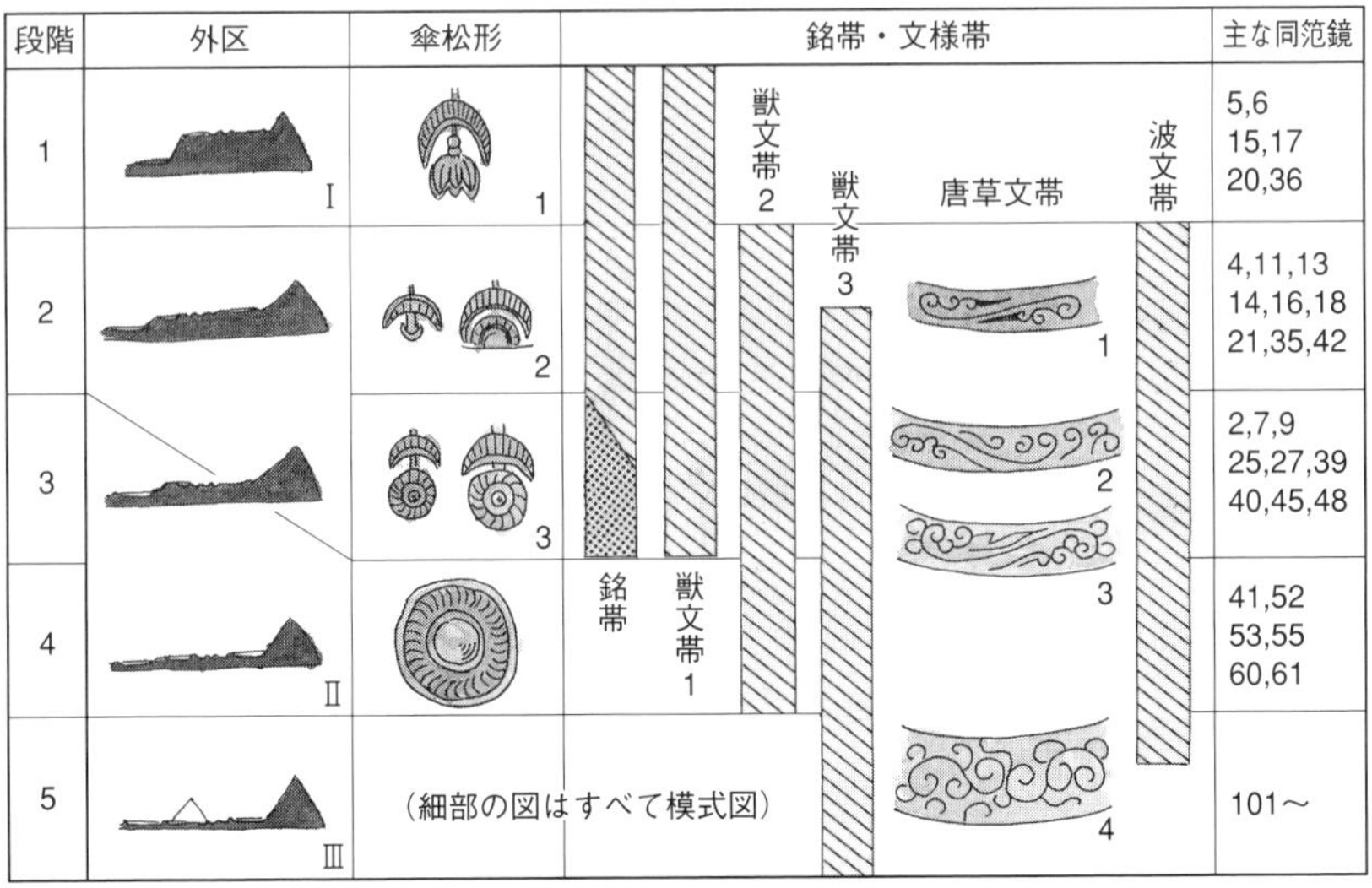

図29　三角縁神獣鏡の型式変化（新納泉　1991）
（右欄の「同笵鏡」番号は小林行雄氏が『古文化論考』〈1976〉で付した番号）

結果、三角縁二神二獣鏡群・三角縁四神四獣鏡群・「陳氏作」鏡群に大別された。このうち二神二獣鏡群は二系統の表現があり、四神四獣鏡は五系統ある。「陳氏作」鏡群は同向式神獣鏡や龍虎鏡の他、波紋帯鏡など、多岐にわたる鏡を創出する。

さらに、「陳氏作」の三神三獣鏡作鏡工人の系譜を引き継ぐ形で最後に製作された鏡群は仿製三角縁神獣鏡と呼ばれている。この鏡群は長い間、国産鏡と考えられていた。しかし、近年になって舶載鏡という説が提示されている。この場合、「陳氏」の工房が何世代かにわたって三角縁神獣鏡をつくり続けたことになる。

仿製三角縁神獣鏡と呼ばれてきた鏡は現在約五〇面ある。紋様は一系譜で、三段階に分けられる。当初は三神三獣鏡を忠実に模倣した段階、複数の三神三獣鏡を模倣した段階、他の鏡式を取り入れた最終段階である。

以上、三角縁神獣鏡の研究は系譜と型式変化を詳細にして、製作期間を段階分けすることを可能にしている。ただし、各段階に世代による画期を求め、製作期間をどれだけながく見積るかは恣意的な部分が大きく、実証できない。また、作鏡工人の系譜も少ないとみれば、閉鎖的な単一工房の個性となり、多いとみれば広域的な複数工房と解釈することが可能である。

いずれにせよ、三角縁神獣鏡の研究は他の中国鏡全体の流れの中で解釈する必要があり、三角縁神獣鏡のみに特化した研究では理解できないと考える。（西川寿勝）

対談1

倭国女王卑弥呼の時代から前方後円墳の時代へ

水野正好、石野博信
司会　野崎清孝

邪馬台国と纒向遺跡

司会——三角縁神獣鏡が卑弥呼の「銅鏡百枚」か、そうでないのかは、水野先生、石野先生ともにお考えが決まっているようでした。水野先生は「当然、三角縁神獣鏡こそ卑弥呼が下賜された鏡、それに使節団がその工房に発注してつくり持ち帰った鏡である」ということでした。それに対し、石野先生は「本当にそうだろうか。細かく年代を見れば卑弥呼の時代の鏡より新しいものではないか」ということでした。そして、「三角縁神獣鏡は古墳の副葬品中ではあまり大事に扱われていないし、小さな古墳からも発見される」というご指摘もありました。

ところで、邪馬台国や卑弥呼のいたところは九州ではないかという考えの方も会場にはいらっしゃると思います。しかし、両先生のお考えでは完全に大和ということでした。中心がどこかというところだけ、少し意見が分かれました。

石野——邪馬台国がどこにあったかと言われましたら、私はいつも大和だと答えてきました。しかし、どちらかといえば、水野さんのように自信満々の大和ではなくて、私は疑いながらの大和です。「本当かな?」の大和です。もしも大和ではなく、別の場所とするならば、この大和の地にはとんでもなく大きな墓をつくり続ける集団がいたということです。政治・文化も中国との外交も含め、大和にそれだけの勢力があったことは事実です。つまり、邪馬台国がどこであれ、三角縁神獣鏡がどうであれ、二〇〇年代の大和にこれだけ大きな勢力があったことは変わらない事実です。

水野――私は、「大和である」ということについては確信犯です。しかし、要は調査してもらわねばどうしようもありません。私は大和《おおやまと》神社附近に倭国女王卑弥呼の宮都があると推定していますから、掘ってもらわないかぎり立証できません。

石野さんは奈良県教育委員会におられたとき、纒向《まきむく》遺跡という大きな集落を掘られました。その成果からいろいろなことがわかったわけで、うすうす邪馬台国は纒向だろうと言っておられるわけです。したがって、表むきは「疑いながら」ですが、内心は纒向遺跡と決めておられるはずです。

ところが、纒向遺跡の一画にある箸墓古墳の附近は古代は「大市《おおいち》」という地名でよばれています。「大市」とは大きな市があったというだけでなく、天皇がつくり認めた公設の市が開かれていた地であることを示すものと考えます。つまり、大市郷とは倭国最大の市場が開かれているところなのです。後の時代の藤原京や平城京には「西市」、「東市」が公設されています。こうした市に相当すると思います。

だからこそ、伊勢や吉備・丹波・近江など遠くの地域の土器や文物がたくさん運び込まれてくるのだろうと思うのです。全国的な文物の流通があった理由は「市」であったからだと考えます。こうした大市は、近くに都あっての市のはずです。

私は「上《かみ》つ道《みち》」の北に倭国女王卑弥呼や台与の王宮があり、南には崇神・垂仁・景行天皇の都があると考えています。「大市」は南の三天皇の市でしょう。

石野――確かに纒向遺跡は大きな集落です。関東から九州までいろいろな地域でつくられた土器が持ち込まれています。その中にはそれぞれの地域でつくられていた土器もあれば、大和の粘土でつくった土器で、形や文様は吉備や東海の特徴というものもあります。

つまり、その地域の人が来て、大和で土器をつくって焼いたということです。そういう都市的な側面があります。よそ者がたくさん住んでいるという特徴です。現在の大阪でも東京でもそうだと思います。

酒井《さかい》龍一《りゅういち》さん（奈良大学教授）は纒向遺跡が巨大古墳をつくるための労働者のキャンプだと考えています。同じ遺跡の事実に対する解釈でもずいぶん違うわけです。ただし、古墳造営のキャンプという可能性も、一〇〇パーセント否定することは難しいと思います。そう思いながらも、掘るたびに変わったものがいっぱい出てくるなあと、不思議に思っています。普通の集落ではいらない変なものがいっぱい出てきます。ただの労働者キャンプではないだろうと思います。

ところが、纒向遺跡に女王卑弥呼がいたのかということですが、ずっと気にしておりました。水野さんや金関恕さん（大阪府立弥生文化博物館館長）が注目されています天理市東大寺山古墳の副葬品がカギになると思います。東大寺山古墳は現在、西名阪自動車道の北側に見える大きな工場のあたりにあります。そこから発見された鉄刀のひとつに中国後漢代年号の「中平□年」（一八四〜九年）銘が金象嵌されています**（図13、三〇ページ参照）**。私は卑弥呼が一八〇年代に女王になったと思っていますから、鉄刀のつくられた時期ともぴったりあってきます。

したがって、都の範囲を示せば、山辺の道沿いで、南は三輪山のふもとから、北は東大寺山古墳のあった天理市のあたりまでと考えればよいと思います。その中で、たまたま纒向遺跡の部分を広く掘ったわけです。まだあまり掘ってない、北部の天理市域からは何が出てくるのかわかりません。そういう状況だと思います。

北部では、大和神社のふもとに二〇〇年代中ごろの土器がいっぱい出てくるところがあります。私も広く掘ってほしいな、と思っています。

邪馬台国の範囲

水野――今、石野さんがおっしゃった意見は、考古学の世界では順当な見解だと思います。それから、私は倭国女王卑弥呼の王宮と政治をとっていた男弟王の摂政宮は、「上つ道」の東西に接し合い並んでいたであろうと考えています。ちょうど、東殿塚・西殿塚古墳から西に伸びる丘陵がありますが、その広い微高地上に王宮は東西に並んでいただろう、と思います。その東側には「山辺の道」が南北に通っていただろうと思います。

それから問題は先ほども言いましたとおり、この地域をとりまいて全国各地の土器が出てくることです。後の時代、平城京の時代には、碁盤目状に東西南北に道を通わした京域をつくりますが、この京内に官人とその家族たちを住まわせています。その町割の区画は、たとえば左京三条二坊一坪というように住居表示がありましたが、この倭国女王卑弥呼の時代は京域はつくらず「吉備ムラ」、「丹波ムラ」、「尾張ムラ」というように出身地別のムラが大和各地に構えられていたようです。宮仕えする人たちは、朝早くに都に向かい仕事に出てゆく、昼過ぎには帰るというように往来をしていたようです。岸俊男《きしとしお》先生（京都大学教授当時）が早くにこういうムラの姿を説いておられます。その形のムラを弥生時代までさかのぼらせて考えようというのが私の考えです。

そうしますと、石野さんが指摘される吉備の土器、尾張の土器が出てくる集落は、都の中にも出身地域ごとに各国に出自するそうした官人たちのムラの存在を物語るものであろうと言えます。

石野――ところで、水野さんの講演の中で驚くべきことがありました。私の出身は宮城県なのですが、わがふるさとまで女王国に入れてあります。まさか入るとは思っていませんでした。それから、その北側の岩手県の盛岡あたりに「大率《だいそつ》」がある、ということでした。これは水野さんもおっしゃいましたとおり、倭国の範囲を想定する場合の最も広い案になると思います。私はここまでは広くならないと思います。常識的に西日本と思っています。

ところが、愛知県地域の土器を東海系の土器と呼んでいますが、その系譜の土器が発見される遺跡の北限と偶然にもぴったりと合ってきます。三世紀末の東海系の土器は盛岡あたりまで流通しています。

もちろん、土器を詳細に観察すると、東海の人たちが直接盛岡まで出向いているのではなく、関東平野に移住した東海地域の二世か三世の人たちが出向いていっていったことがわかっています。

水野さんは文献や後の時代の動向などから女王国の範

囲を想定されたのでしょうが、それがこの時代の土器の流通と一致していることが奇妙に恐ろしく思えます。本当であればすごいとおもいます。でも、今のところは広すぎると思っています。

水野――石野さんだけでなく、ほとんどの考古学者から広すぎると言われるだろうと思いました。女王国の北の範囲は古い前方後円墳や三角縁神獣鏡が見つかるところが参考になります。福島県会津《あいづ》大塚山《おおつかやま》古墳や宮城県の飯野坂《いいのざか》古墳群がそのデータとなります。前方後円墳の造営が北まで進出する理由は、それ以前の倭国女王卑弥呼の段階で、すでにその地域に古墳をつくり得る基盤がつくられていると見るわけです。倭国の政治がすでに流れ込んでいるということなのです。

前方後円墳と前方後方墳

司会――今の問題に関連しまして、前方後円墳に対し、東海や関東に発達する前方後方墳をどうとらえたらよいかお尋ねします。

石野――私は長突円墳（前方後円墳）と長突方墳（前方後方墳）は、埋葬施設のある中心部分が丸か四角かという違いだと考えています。それぞれに突出部がついています。丸い墓か四角い墓か、丸派と角派の「角丸戦争」と呼んでいます。そういう戦いというか勢力のせめぎ合いが二〇〇年代後半にあったのだろう。

角派の中心は尾張から東海で、濃尾平野にありました（**図30**）。丸派の中心は大和です。邪馬台国が大和であればそれは当然丸派となります。そうすると、邪馬台国に従わず、戦争をしていました狗奴国は現在の滋賀・岐阜・愛知から三河や遠江までの地域が入るかもしれません。私はそのあたりが狗奴国の範囲だと思っています。

これまでの説でも突出部がつく四角い墓は狗奴国の範囲にあり、丸い墓は邪馬台国の範囲にある、と考えられていました。その場合の疑問は、大和の中心であるオオヤマト古墳群の中に下池山《しもいけやま》古墳や波多子塚《はたごづか》古墳など、全長一〇〇メートルをこえる四角い古墳、長突方墳が点々とあることです（**図31**）。それは一体どういうことか、とよく言われます。私もなぜかと思いながら、わからないことはしようがないと言ってました。

しかし、そうも言っておられません。多少、考えまして、二〇〇年代は丸派と角派が対等だったのでは、と考えるようになりました。オオヤマト古墳群の中には丸も角もあるのですが、それは二〇〇年代のことです。三〇〇年代には丸に統一されると考えます。水野さんは崇神天皇が治めるようになる時期は二九〇年くらいと言いました。私もそのあたりだろうと考えています。

埼玉県稲荷山古墳から発見された「辛亥年」銘の鉄剣が四七一年を示すとすれば（図13、三〇ページ参照）、ワカタケル大王（雄略天皇）がその時期の人であると考えられます。そこから逆算すれば、崇神天皇の時代は二〇〇年代末くらいか、と思っています。

そのころから、丸派の勢力が安定する、むしろ威張りだす。それ以前は対等だということです。下池山古墳からは二九〇年までにつくられた土器が、かけらですけれども、竪穴式石室を覆った粘土の中から発見されています。東海系の土器です。そういう土器から判断して、下池山古墳は今まで考えられていた年代観よりも古い古墳だとわかります。そうなれば、対等の時期の古墳です。

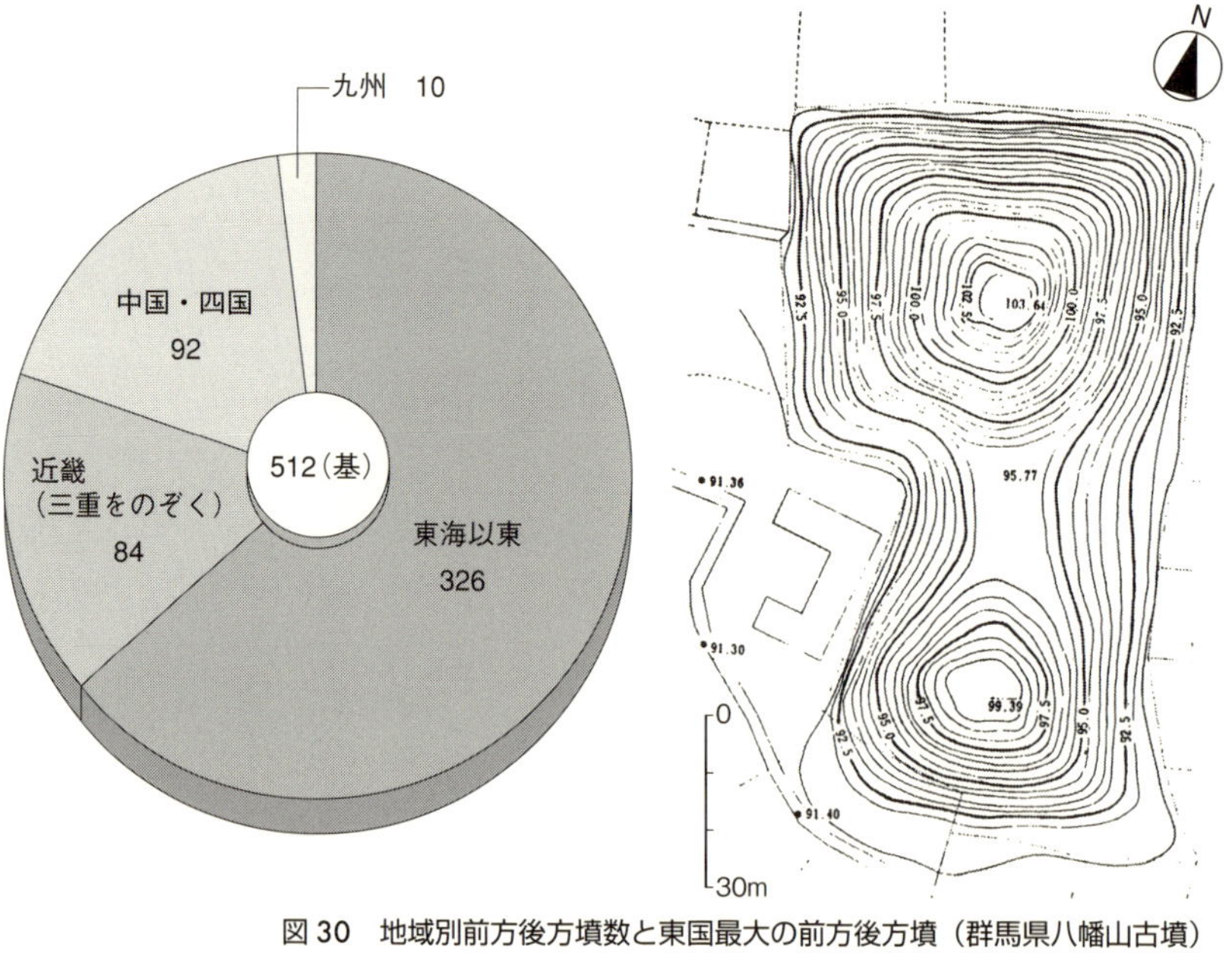

図 30　地域別前方後方墳数と東国最大の前方後方墳（群馬県八幡山古墳）

それが、三〇〇年代になりますと、明らかに丸派が優勢になるわけです。

水野――ずいぶん前ですが、墳墓の丸と方の問題は、丸のほうが「臣《おみ》」姓の人びとに与えられる墳墓、方のほうが「連《むらじ》」姓の人びとに与えられる墳墓と考えたことがあります。天皇家に仕えている人たちは臣と連に大きく分けられます。臣姓の家は天皇家の血筋が入っている氏を示します。それに対して、天皇家の血が入らない、

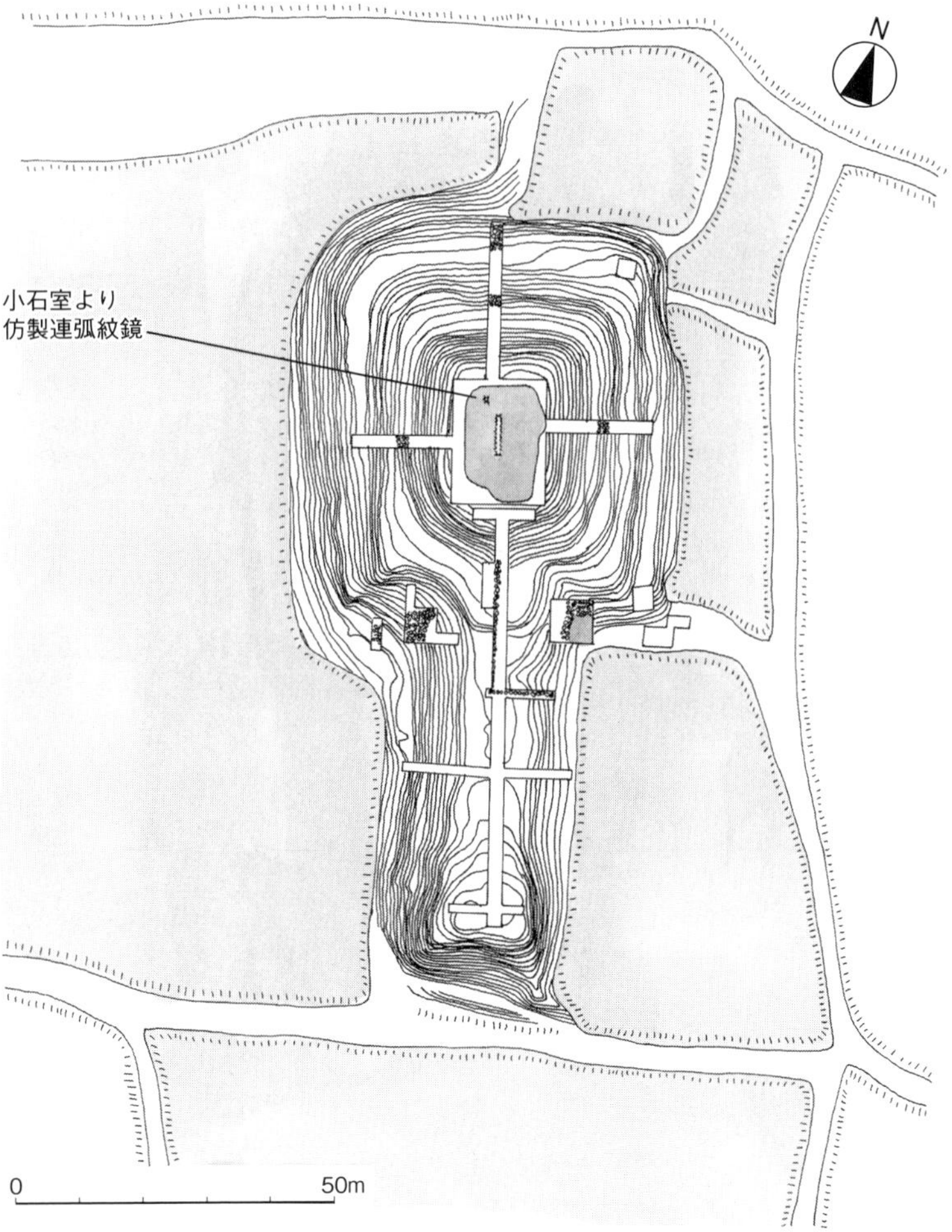

図31　下池山古墳

天皇に仕事で仕える姓が「連」姓の氏です。たとえば、天皇家に仕えた集団には「蘇我臣」のような臣姓の氏と「物部連」・「中臣連」のような連姓の氏とがあり、前者を代表する人は「大臣」と呼ばれ、後者を代表する人は「大連」と呼ばれています。そうした「臣・連」の相違を墳墓に表現したものかと考えたのですが、前方後円形墳丘墓と前方後方形墳丘墓が隣どうしに並ぶ例も発見されるようになり、狭い墓域の中で、両者が共存するのは、この私説とっては少しむつかしい資料ということになりそうなのです。また、オオヤマト古墳群中には、前方後円墳と前方後方墳が並存しています。現在は、この考えを再検討しているところです。早くにこうした考えを示したのですが、誰一人として反応される方がなかったわけです。二〇年くらい私が進んだ考えを示しているのか、誤った考えだったのか、とにかく反応がありません。わからないものはわからない、という言い方もいいのですが、それでは私としては前進できません。

ただし、前方後円、前方後方の二種類しかないわけです。中国では円は天、方が地を表すとされています。「天円地方」と呼ぶ概念です。こう考えたとき、想いに浮かぶのは「天神地祇」という言葉です。やはり対になっています。このように二分する基準があって、二つの墳墓、古墳の形態に分けられている可能性もあると思います。しかし、これも接して両者があるとおかしいでしょう。別の基準を探さねばならないでしょう。それから私は狗奴国は九州南、のちの熊襲、隼人の国の称であり、尾張とは考えていませんし、そうした対立も想定できません。このことだけは明言しておきます。

確かに、オオヤマト古墳群の中にも、石野さんが指摘されたように、両方の形態があります。「臣・連」制「天神地祇」というような基準以外の基準を考えるとすれば、どのように理解できるかということです。私にはまだ、答が定まりません。

邪馬台国、近畿説と九州説

司会——邪馬台国の所在地について議論になっています。奈良を中心に暮らしています方は、邪馬台国近畿説支持となるでしょうか。どうでしょう。会場にお集まりの方はどのように受け止められたでしょうか。

石野――そうとは限らないと思います。九州説の方もたくさんおられますよ。みなさん、手を挙げていただくことはどうでしょう。私は奈良県に勤めているときに邪馬台国関係の講演会などを企画をしまして、その際に試みに九州説支持の方と尋ねましたら、いつも多くおられました。

邪馬台国九州説、どちらかといえば九州説の方も含めて、どのくらいいらっしゃいますか。……今日は意外と少ないですね。それでは、大和でも九州でもなく、それ以外のところが邪馬台国という方はどうでしょう。……少ないですが、おられますね。

司会――どうもありがとうございました。私はもう少し邪馬台国九州説支持の方が少ないと思っていました。私は九州説には無理があると思います。大和説のほうが古墳時代まで素直に連続するという考えです。要するに、大和朝廷の時代、崇神天皇や応神天皇などと邪馬台国の時代がつながっていると考えるか、切れていると考えるかです。九州説の方は切れていると考えなければならない。

大和朝廷の東遷、これは神武天皇の東遷に記される神話の世界ですが、そういうことがあって、後の時代までつながっていると考えるには考古学的に無理があるのでは、ということです。卑弥呼の死から崇神天皇の治世までどれくらいの期間を想定すればよいでしょう。

水野――倭国女王台与の治世の期間だけです。三〇年くらいでしょうか。あまり長くないです。

司会――その間に東遷を考えることは無理でしょう。みなさんはいかがでしょうか。石野先生のお話でも大和の優位性をうかがいましたし、水野先生のお話は私たち何度もうかがいました。関心はつきませんが、両先生はどのように研究が進むとお考えでしょう。

石野――私は泥にハンコを押した封泥《ふうでい》と呼ばれるものが遺跡から発見されれば、間違いないと思います。中国では品々を装封して伝達した、と『魏志』倭人伝に書いてあります。品物は柳行李《やなぎごうり》などに入れて、紐をかけます。その結び目に粘土で封をして送ったようです。その粘土にはハンコが押されている。途中で開けてしまうと粘土が壊れてしまうから、女王の前まで開けられません。このような粘土が何百と出てきたところが邪馬台国といえるでしょう。封泥が大量に出土したところ、それがたとえどこであろうと、邪馬台国があったとして従おうと思っています。

ただし、それは粘土ですから、雨で溶けて流れてしまいます。卑弥呼の宮殿が火事で焼けていれば残りますけど。火事で焼けた家の跡が発掘調査でよく発見されます。そのときの調査で粘土に文字が刻まれていないかよく注意すれば、わかるのですけれど……。何十・何百とかたまって捨てられているでしょう。その場所を探さなければなりません。

私は二〇〇〇年代の焼けた家の調査をしているところにいけば、いつも封泥を探してくれ、探してくれと言ってきました。それは九州でも言いますし、関東でも言います。奈良ではもっと言ってます。

水野――研究者の中には魏の少帝が倭国女王卑弥呼に与えた「親魏倭王」の金印が見つかれば結着がつく、と言う人がいます。しかし、私はだめだと思っています。なぜなら、金印は動きます。いろいろな事態を想定すれば、金印からは必ずしも証明できないと考えます。考古学上の発掘で、これが卑弥呼、台与女王の宮殿だという遺跡を発掘してはじめて実証できると思います。早く天理市大和神社附近を発掘してほしいのです。

倭人伝は伝聞記事か

司会――それでは、会場から質問などを受け付けます。

会場――私はまだ、近畿説と九州説のどちらとも決めがたいと思っています。それは『魏志』倭人伝の記述は著者の陳寿が直接倭国に来て見てきたことを書いたのか、それとも倭国からの使者や行ってきた人の言葉を後になって書いたのか、ということです。ずいぶん異なると思うわけです。東夷伝という言葉からも自分の国から見て野蛮だと考えていたようです。倭人伝ができるまでのいきさつについて、教えていただきたく思います。

水野――もっともなお話です。陳寿は日本に来たという記事はありませんので、彼自身の見聞による記事ではありません。では、記事のよって立つところということになりますと、二つのケースが考えられます。一つは、倭国の使節は魏の都に行っていますが、彼らは「華言に通じず」という状況であったと思います。つまり、倭国からの使者は中国語はわからない、ということです。後世の高僧たちも中国に行きますが、「華言に通じず」とされています。この場合、通訳を介して理解し合うことができます。

二つ目は「華言に通じず」の場合でも倭国の使節団が中国に行ったとき、筆談で意を通じ合わせることがあったと思います。「倭」という言葉も筆で書き合ってお互いに確認していただろうと思います。倭国の代表使節であった「難升米《なしめ》」などは漢字を知っています。使節団が書いた文字は中国の書庫に残される経緯もあると思います。たとえば、後世、日本の天皇名を中国皇帝はすべて記録していたこともわかっています。日本の使者が書き残したからです。天皇が代わったとしても、使節が到着するたびにその後の天皇名を追加書足していたということです。そうした記録がきっちり保管されていたようです。つまり、一つは「華言に通じず」という状況の中で、通訳が伝達して記録されたというケース、もう一つは筆談で通じ合い記録されたというケースです。

ただし、『魏志』倭人伝には中国人が推測して書いた部分もあります。たとえば、「まさに会稽《かいけい》・東冶《とうや》の東に在るべし」などは浙江省紹興県《せっこうしょうしょうこうけん》の会稽や福建省福州市《ふっけんしょうふくしゅうし》の東冶から見て、東に倭国があるという推測です。「在るべし」の言葉にその間の雰囲気が出ています。倭人の発言ではなかったと思います。

司会――どうもありがとうございます。

殉死の実態は

会場――全国の遺跡や古墳を数多く見てまわりましたが、邪馬台国大和説が有利だと思います。ただし、『魏志』倭人伝には卑弥呼の墓には殉葬者《じゅんそうしゃ》が百余人いたと記されています。現在の考古学の成果で古墳から殉死の実態はつかめているのでしょうか。

石野――卑弥呼の墓は二百五十数年にどこかにつくられたと記されています。このころの墓で殉葬の墓がまわりに百単位である墓はありません。たとえば、纒向遺跡には石塚など二〇〇年代の墓が七～八基あります。古墳の周囲は調査されていますが、そのような殉死者を葬った痕跡は見つかっていません。

箸中山古墳（箸墓）は西側の工場敷地全面と東側の民家の建て替えなどで周辺が調査されましたが、二〇〇年代の墓は出てきておりません（巻頭図版4）。二、三の小さな墓はホケノ山古墳などで発見されていますが、数十や百単位の墓が見つかったことはありません。

四〇〇年代の墓では、兵庫県神戸市の舞子浜や奈良県新山古墳の周辺から埴輪が棺に転用されてたくさんの墓が密集していた例があります（図32）。今のところ、文献の記述と合致する墓はありません。

水野——殉死とは主人が亡くなった際に、まわりの人たちが、殉じる者として死んでいく、あるいは殺されていくということです。そういう人が卑弥呼の死に際してみられたことが記されています。ただし、そういう人たちが一人一基ずつの墓をもったかどうかが問題です。私は百余基の墓が見つからなくてもよいと思います。大きな穴を掘り、たくさんの人を一度に埋めてしまう場合もあるかもしれません。そうした殉葬も考えねばと思います。

古墳の場合は『日本書紀』に描かれているように、外濠の堤の上にずらりと殉葬者が並べられた可能性もあり、そういうものが後に人物などの埴輪に変化したとも考えられていました。石野さんがおっしゃられるとおり、殉葬を考古学的に示すことは非常に難しいということです。もしも、古墳の傍らにたくさんの遺体が見つかったとしても、一定の規格をもって列をなして葬られているか、大きな一穴に多数の人が葬られているという状況で見出されないかぎり、それが殉死かどうか実証することも難しいと思います。戦争で殺される場合もあります。

ただし、古墳のまわりの調査例が増えていることは確かです。殉葬の地も宮殿のそばに求める可能性もあります。墓のそばだけで考える必要はありません。

女王国と邪馬台国

会場——水野先生は、邪馬台国は大和で決まりだ、その理由は『隋書』倭国伝に書いてある、とおっしゃられました。私も邪馬台国が大和であることには賛同できます。しかし、『隋書』倭国伝には日本の領土が書かれています。そして、その国の中央には阿蘇山がある、ということになると九州を指していることになります。そうしますと、『魏志』倭人伝には帯方郡から女王国まで一万二〇〇〇里、それは九州の範囲内です。私は女王国が九州で、邪馬台国が大和と分けて考えるべきだと思うのですが、どうでしょう。

水野――それは成り立たないです。女王国を九

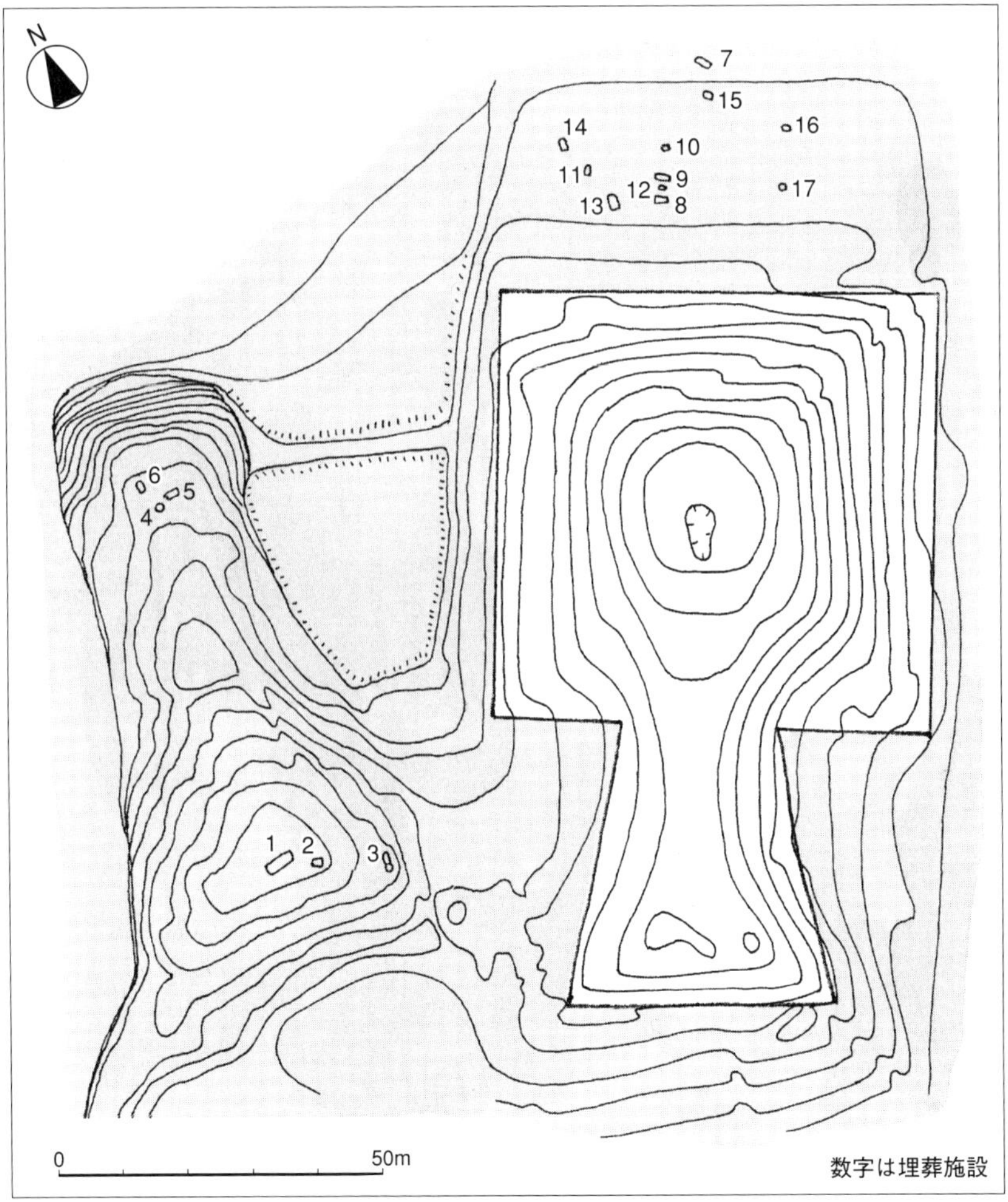

図32　新山古墳周辺の従属埋葬

州にすることはできません。大事なことですが、『隋書』倭国伝は『魏志』倭人伝や『漢書』東夷伝などを参考し調整して書いているようです。その中で、以前の記事を訂正すべき部分は直しています。たとえば、遣隋使が皇帝に謁見した際、皇帝は日本の風俗などを問うている様子が書かれています。推古天皇のことも書かれています。ですから『隋書』倭国伝になりますと、はっきり倭国が日本で推古天皇や聖徳太子がいるところと記しています。その都は大和であるとはっきり書いていますから、そういう認識や地理観はあったことは間違いありません。

ただし、以前の歴史書を参考にちりばめていったところも数多くあって、それは後で付け加えていっただろうと考えられています。本来の隋王朝で記録されるべき記事に以前の記録を加えた経緯が辿れます。

前方後円墳と道教

会場――前方後円墳の丸と四角についてお聞きします。これには道教の流れがあるのではないでしょうか。たとえば、現在でも私の郷里では沢庵《たくあん》を四角く切ってはいけない、丸く切らないといけない、ということがあるのです。両先生は古墳の形と道教の影響についてはどうお考えでしょうか。

石野――水野さんの先ほどの説明のなかでも「天神地祇」という言葉がありました。中国では天の神様をまつるときは円形の壇で、土地の神様をまつるときは方形の壇をつくったようです。その影響で前方後円墳が成立したのではないかとも考えたことがあります。

しかし、突出部は正確には四角ではありません。二等辺三角形です。これは墓であって、中国でいう神様をまつる場所ではありません。その考えを支持する研究者もいます。その場合は、日本的に変えたのだ、創作したのだと解釈しています。

水野――前方後円墳は円と方が「対の構造」で成立しています。私は後円部頂上は死した王の居所の場、前方部は新しい王の居所の場が表現されていると考えています。王霊のすまう形象を表現していると思っています。中国の皇帝陵は円墳が少なくて、方墳が多く見られます。「方」が地ということであれば、その皇帝陵は「地」を示すのか、とすればおかしくなってしまいます。この場合の円と方は、そうした道教的な想いは強くは働いていないと思います。

道教思想は四世紀には日本に入っています。鏡の紋様や銘文にはその思想性がひたひたと感じられます。また、七支刀などにもそうした色合いが濃く見られます。そういうことで、道教の思想が入り込んでいることを考えてもよいのですが、道教思想に古墳を丸と四角に分ける必要、前方後円の形に対する説明は見あたりません。大きな問題だと思います。

石野――古墳の成立について、少し思い出したことがあります。ホケノ山古墳の埋葬施設を調査しました橿原考古学研究所が新聞発表して、石囲い木槨墓《もっかくぼ》という新しい名前をつけました（**図33**）。その後の講演会の席上で、会場から質問がありました。『魏志』倭人伝には倭人の風俗として、墓には「棺有れども槨無し」と書いていますから、邪馬台国大和説は消えましたね」ということです。

私はそのとき、はたと困りましたが、ひょっと思いつ

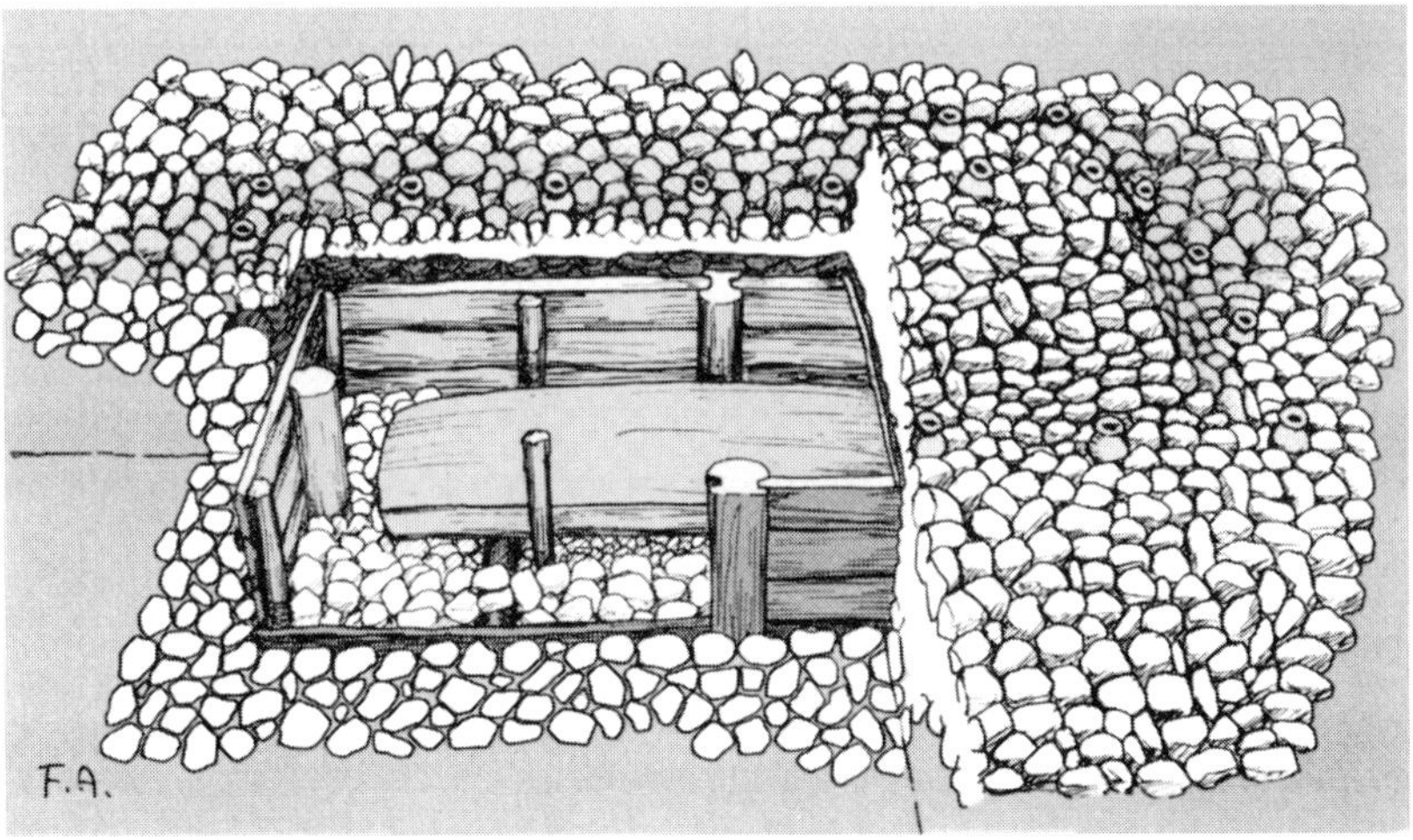

図33　ホケノ山古墳主体部の石囲木槨

きました。中国には漢の時代から墓には槨があります。それは学校の教室程度の広さを木で囲んで槨にしています。その囲いをいくつかの部屋で仕切って真ん中に棺を納める形が中国の木槨墓です。ホケノ山古墳の石囲い木槨は全長七メートルですから、日本列島の墳墓の埋葬施設としては非常に大きなものですが、中国の人から言わせたら二重の棺程度です。

倭国の使者が倭国の墓の埋葬施設を正確に説明したとしたら、そのようなものは槨には入らないとされてしまうでしょう。だから、「槨無し」と書いたので、大和説はまだ成り立つと言いました。

第三章　ここまで進んだ三角縁神獣鏡研究

西川寿勝

1　研究の視点

三角縁神獣鏡がテーマですが、邪馬台国と古墳との関係が話題となっております。そこで、私は考古学の立場を中心に、文献史学や博物学とのかかわりについて述べたく思っています。そして、最新の発掘調査成果など、考古学研究の最前線を紹介しながら、論を進めてまいりたいと思います。

三角縁神獣鏡は楽浪郡でつくられた

今日の話は大きく三つの柱を考えました。第一に、三角縁神獣鏡は卑弥呼の下賜鏡ではないかと議論されています。争点は三角縁神獣鏡が魏の鏡という中国鏡説と、そうではなくて倭国内でつくられた国産鏡説、という点です。

中国鏡説の問題点は、多くの鏡が発見されている中国において、いまだ一面の三角縁神獣鏡も発見されないことです。その一方、国産鏡説の問題点は、明らかに中国鏡を模倣した仿製鏡と区別できる精緻な銘文や紋様をもつことです。

私は五年ほど前に、中国鏡説でもなく、国産鏡説でもない、第三の説として魏の国の最前線である朝鮮半島の楽浪郡《らくろうぐん》・帯方郡《たいほうぐん》地域でこの鏡がつくられたのでは、という新説を発表しています。楽浪郡は現在の北朝鮮（朝鮮民主主義人民共和国）の首都平壌を中心とする地域です。

ところで、舶載鏡の出自についてはほとんど研究が進んでいません。たとえば、考古学では土器に関しては細かな特徴から河内の土器・大和の土器・吉備の土器など、小地域ごとの分布と流通が議論されているわけです。ところが、舶載鏡は広い中国のどの部分からもたらされたものなのかよくわかっていない。そこで、私は舶載鏡の紋様や特徴などを細かく検討して、中国の各省ごとの出土鏡と傾向を調べたわけです。そうしますと、中国のどの地域の鏡とも合致してこないことがわかったのです。そして、唯一合致するところが楽浪郡地域出土鏡だったわけです。

つまり、日本の弥生時代終末の遺跡や古墳から発見される、舶載鏡と呼ばれている鏡の大半は中国鏡ではなく、辺境の楽浪郡地域などでつくられたと考えたわけです。

そして、三角縁神獣鏡についても斜縁神獣鏡や画紋帯同向式神獣鏡《がもんたいどうこうしきしんじゅうきょう》など、関連する舶載鏡の特徴から楽浪郡製と説いたわけです。この考えは拙著『三角縁神獣鏡と卑弥呼の鏡』（学生社）にまとめました。また岡本先生の御著書『「日本」誕生のなぞ』（大日本図書）にも紹介していただいています。この部分についても討論で取り上げさせていただければと思っております。

話が余談となりました。三角縁神獣鏡は舶載鏡と国産鏡、二つに対極しているわけですが、考古学的に解明するにはどのような方法があるのか。もっとも単純な方法としては鏡の製作遺跡、つまり鏡工房を発見することで結論が出るといわれるわけです。鏡工房の発見は発掘調査がもっとも有効な手段だと考えられます。そこで、もし鏡工房が発見されるとすれば、どのような遺構や遺物が発見されるのか、実態はどういう形なのか、歴史的に繙《ひもと》いてみたいと考えたわけです。

邪馬台国の時代

第二の課題としまして、邪馬台国畿内説と九州説について、最新の考古学研究からみて大きく前進した部分を取り上げてみたいと思います。それは考古学研究と文献史学研究の齟齬だった邪馬台国の時代が、弥生時代か、古墳時代かに関するものです。

仮に、邪馬台国の時代が弥生時代の話であれば、それは集落の規模にしましても、発見される墳墓の副葬品にしましても九州が中心に間違いありません。特に「卑弥呼の好物」として知られていた舶載鏡の発見数は九州地域に大幅に偏ります。逆に、近畿の弥生時代後期から終末は大きな集落もほとんど見られませんし、墳墓の副葬品も貧弱であるばかりか、その数は少ないものです。

みなさんがよくご存じの近畿の弥生遺跡を考えてください。たとえば、奈良県唐古・鍵遺跡にしましても、大阪府池上曽根《いけがみそね》遺跡にしましても、弥生時代中期が集落の最盛期で後期にはほとんど廃絶してしまうわけなのです。古墳時代まで続いていません。ですから発掘調査しますと、弥生時代の良好な遺構・遺物が残されているわけで、古墳時代の建物などはないわけです。つまり、邪馬台国九州説が非常に有利と見てとれます。

対して、邪馬台国の時代が古墳時代であれば、近畿が圧倒的に優位となるわけです。前期前方後円墳は奈良平野の東南側に次々につくられ、その副葬品も非常に豪華なものです。特に鏡は三角縁神獣鏡をはじめ、数多く見受けられます。発生段階の古墳についても近畿を中心に西日本に分布が見られます。

一方、九州の前期前方後円墳は近畿にくらべて大型のものがほとんど見られず、数も多くありません。副葬品の鏡なども近畿にとても及ぶものではありません。このように考えますと、邪馬台国の時代とされる二五〇年代前後が弥生時代であるのか古墳時代であるのかを考古学的に結論づけることができれば、九州説と畿内説には道筋がつけられると考えるわけなのです。

結論をいえば、現在、考古学者の大半は畿内説に傾倒しており、さらに卑弥呼の墓が古墳であることを認め、それが最初の古墳である箸墓古墳かどうかという段階にまで焦点は移行している、と私は考えています。

三角縁神獣鏡と神仙思想

三番目の課題は、三角縁神獣鏡の図像や前方後円墳の形から神仙思想が読み取れるか否かということが議論されています。神仙思想とは不老長寿や天上世界の仙人や理想郷を説いたものです。三角縁神獣鏡には「仙人」や「西王母」を示す図像が描かれていますし、銘文にも刻まれています（**巻頭図版2上**）。ただし、それをもって思想が伝わったかどうか、あるいは伝えようという意図があったかどうかは意見が分かれるところです。
私は、三角縁神獣鏡や前方後円墳にこのような思想性は見受けられないという立場の研究者です。これについては岡本先生とは対極的に位置づけられています。この課題も時間が許すかぎり討論できれば、と思っています。

2　古代・中世・近世鏡工房の研究から

古文書からみた近世鏡工房

三角縁神獣鏡の製作工房を考えてみましょう。ただし、同時代の工房の実例は、いままで中国でも日本でも発見されておりませんので、発見されるとしたらどのようなものなのか、鏡工房の実態と発掘成果を時代ごとに概観します。

わが国では弥生時代以降、明治時代まで二〇〇〇年近く青銅の鏡が使われ続けてきました。明治以降、ガラスが量産化されるようになり、ガラス鏡に置き換わっていったわけです。ちなみに、ガラス鏡は江戸時代から少量つくられ続けています。明治四〇年（一九〇七）に旭硝子工業が窓ガラスなどの板ガラスを量産することに成功して以来、急速に普及します。

さて、鏡づくりの実態ですが、戦国時代から江戸時代の約三〇〇年については非常に細かくわかっています。どのようにわかるかといえば、古文書に鏡屋の絵図や製作方法を記録した指南書などが残されていることです。たとえば、大坂の場合、『摂津《せっつ》名所《めいしょ》図会《ずえ》』（一七九八年刊）に高麗橋《こうらいばし》界筋《さかいすじ》で営業していた「森《もり》田《た》武蔵守《むさしのかみ》」の店が知られています。絵図は詳細で信憑性が高く、高麗橋は現在も残されています（**図34**）。右側に柄鏡の看板があり、商品としての柄鏡が陳列されています。中央にキセルの看板と奥にその陳列があります。キセルも青銅製だったのでつくっていたことがわかります。そして、左側に工房があり、大量の鋳型が積み上げられている状況がわかります。

図中にAと記した人は工人で、棒を押し引きしている様子がわかります。おそらくフイゴで空気を送っている状況だと思います。したがって奥には炉があって、店先で青銅を熔かしていることがわかります。

Bと記した人も工人で、おそらく鋳型に紋様を刻んでいるところ、あるいは鋳込んだ鏡を削って平滑にしたり、仕上げ磨きをしている様子だと思います。

このように、近世は鏡屋としての専門店が往来にあって、店先で製造・販売をおこなっていた状況がわかるわけです。

図34　『摂津名所図会』（1798）にある森田武蔵守の鏡屋

しかも、鋳型が具体的にどのようなものか、あるいはそれをつくる工具やつくり方を事細かに記した古文書も残されています（図35 a〜e）。それは京都一条で活躍していた「青家《あおけ》」の文書です（『御鏡仕用之控書』〔一七三六年書〕）。青家は代々宮中や将軍家の鏡をつくって納めていた老舗の鏡師です。この文書には鏡屋の組織がどう移り変わったのかも記されています。たとえば、一七〇〇年代になって、津田薩摩守を名のる鏡師が銭をつくる技法を取り入れ、踏み返し鏡を普及させていく実態や、仲買や問屋が発展していくことも記されています。

さらに、京都・大坂・江戸では

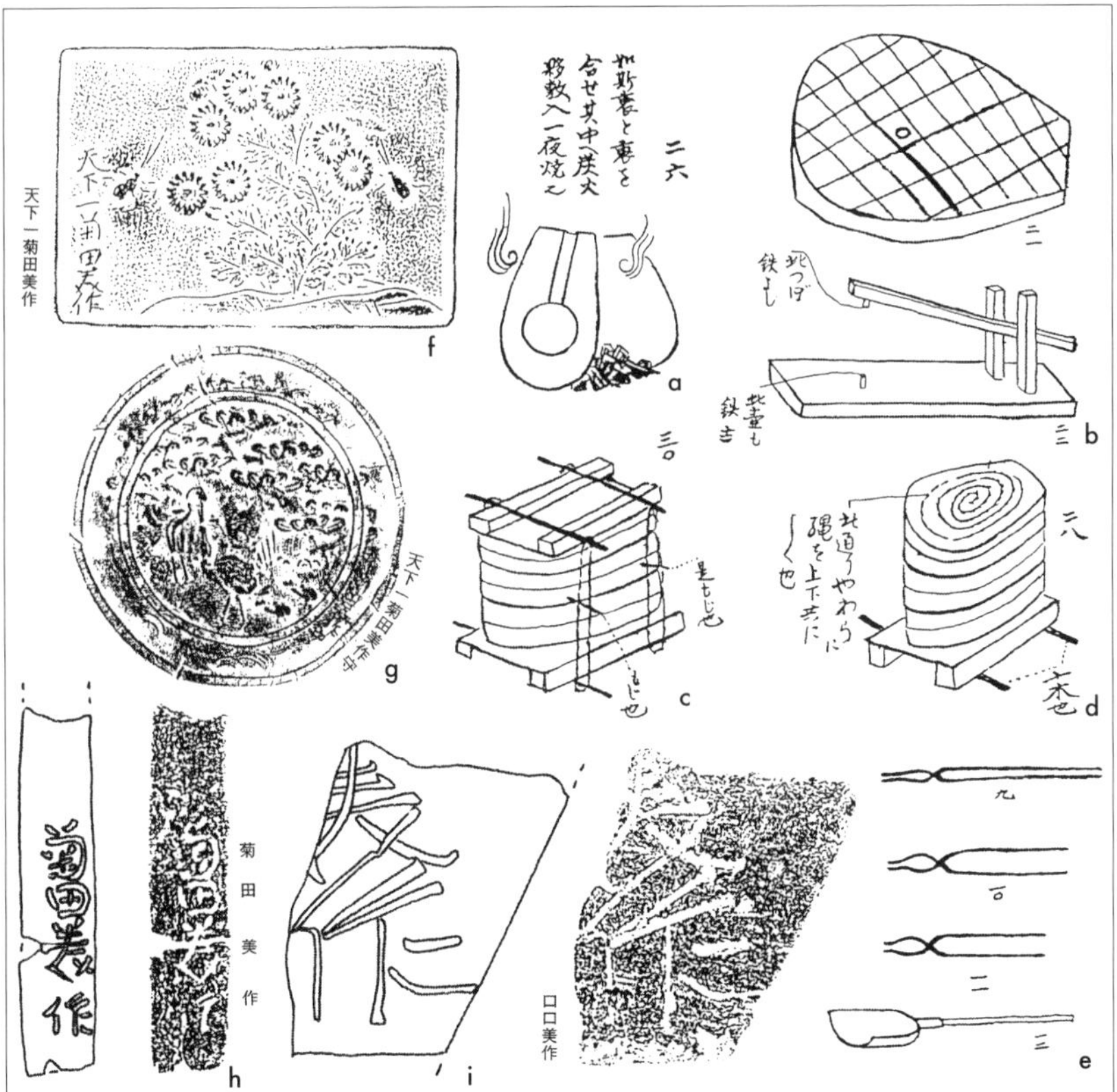

図35　古文書に記された鏡の製作技法・工具（a〜e，『御鏡仕用之控書』、1736より）と「菊田美作守」銘の鏡と発掘された鋳型片（f〜i）（個人蔵・採拓西川）

現在の職業別電話帳のように商品がどこに行けば買えるかを記した広告集も刊行されています（**図36**）。「いろは」順で「かがみや」を繰りますと、鏡屋の広告が各店ごとに載せられているのです。江戸時代は電話がありませんから、「神鏡」・「婚礼道具」など商品の宣伝と住所や暖簾《のれん》のマークなどが記されています。先に示した高麗橋の鏡屋は同時代に刊行された『難波《なにわ》丸項目《まるこうもく》』（一七四八年・一七七七年刊行）中の広告などから「森田武蔵守」の店であることが知られるのです。

このような広告を事細かく繙いてみると、京都に約一○○軒、大坂に四○軒、江戸に二○軒程度の鏡屋があったことと、その屋号や住所がわかるわけです。もちろん、書物の刊行年代からその店がいつごろから広告を出すようになって、いつごろなくなってしまうのかなどの盛衰も知ることができます。

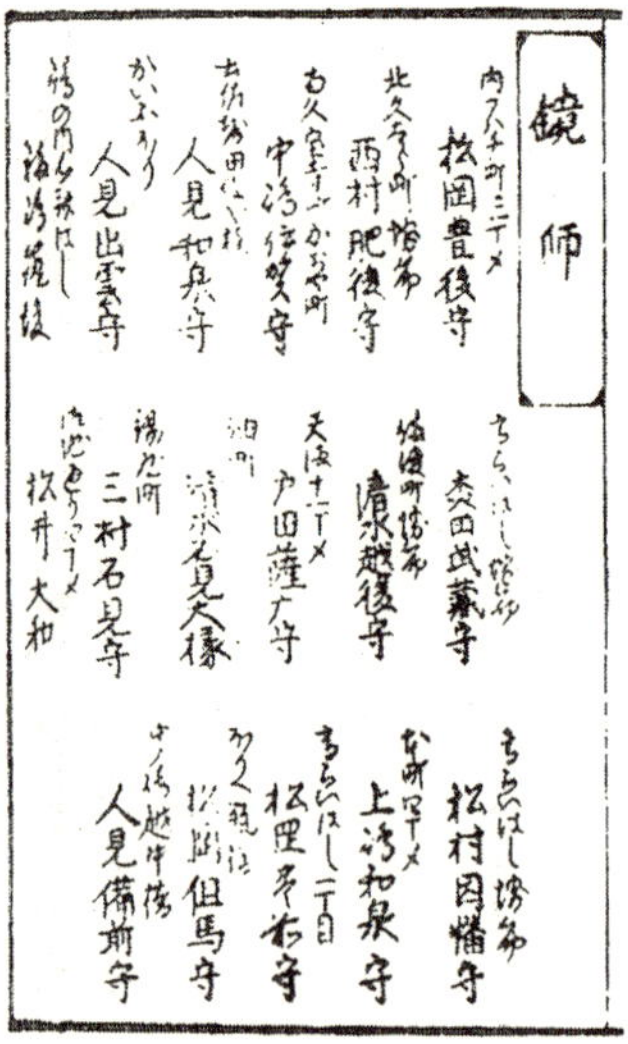

鏡　師

内淡路町三丁目　松岡豊後守
北久太郎町堺筋　西村肥後守
南久宝寺町かぢや町　中嶋伊賀守
土佐堀田辺屋橋　人見和泉守
かいふぼり　人見出雲守
嶋ノ内心斎橋　福嶋筑後

高麗橋堺筋　森田武蔵守
備後町堺筋　清水越後守
天満十一丁目　戸田薩摩守
油町　清水石見大掾
錫屋町　三村石見守
御池通四丁目　松井大和

高麗橋堺筋　松村因幡守
本町四丁目　上嶋和泉守
高麗橋一丁目　松岡豊前守
堀江瓶橋　松岡但馬守
中之島越中橋　人見備前守

図36　鏡屋の広告にある「森田武蔵守」の住所

現存する鏡資料

これに対応して近世の円鏡・柄鏡などは博物館などで収集されたもの、神社や寺院に奉納されて伝わったものなどが大量に現存しています。私が調べたかぎりでは、博物館や個人蔵で二〇〇〇面以上の所蔵が公表されています。さらに、よく知られる奉納鏡は奈良県法隆寺西円堂の約六〇〇〇面で、関西各地の庶民が近世・近代を通じて奉納したものです。たとえば、先ほど示した「森田武蔵守」の鏡は「元禄七年奉納」銘（一六九四年）のものが大阪府道明寺天満宮奉納鏡に、「元禄十二年奉納」銘（一六九九年）のものが奈良県石上神宮奉納鏡にあります（図37）。

おそらく、細かく調査すれば膨大な鏡の資料が得られると思います。鏡は現在も神社の御神体であったり、社殿に吊り下げられているからです。そして、非常に都合のよいこととして、大半の鏡には「天下一津田薩摩守藤原家重」、「天下一菊田美作守藤原清久」などの鏡師名が刻まれているのです。それによって、信長の時代から青銅鏡がなくなるまでの鏡に刻まれた鏡師名は約六〇〇名程度であることがわかっています。その大半は京都で活躍していたと考えます。

図37　石上神宮に奉納された「森田武蔵守」銘鏡

発掘された鏡工房

最近、京都でたまたま鏡屋があった住所の付近がいくつか発掘調査されています。すると、やはりそこには鏡屋があったらしく、建物とその中から炉跡のような遺構、さらに鋳型や銅製品の破片、スクラップでしょう、そのような遺物が大量に発見されたのです。

たとえば、京都市新町通二条上ルの、住所が古文書に残る「菊田美作守《きくたみまさかのかみ》」の鏡屋があった付近が発掘調査されました。そして、鏡の鋳型が発見され、鋳型の裏に「菊田美作」の名が刻まれていたのです（**図35h・i**）。鋳型に対応して、「菊田美作守」の銘を刻む製品としての鏡も数多く残されています（**図35f・g**）。たとえば、愛知県熱田神宮には一七〇〇年代の奉納年を刻んだこの鏡師がつくった奉納鏡がたくさん納められています。製品と文献と発掘による遺構・遺物が完全に一致した非常に幸運な例といえるでしょう。

先にお話ししました「青家文書」の青家があったとされる京都寺町一条付近でも鏡工房が発見されています。現在、同志社大学新町校舎があるあたりです。その遺跡では、炉跡やフイゴとの境に置く屏風板《びょうぶいた》と呼ばれる土製の板などとともに、鋳型や鏡のスクラップが見つかっています。「青家文書」の挿絵に出てくる鋳型に共通するものでした。

中世の鏡作り

このような状況を鎌倉・室町時代頃までさかのぼらせると少し不明な点が増えるのですが、基本的に近世へ継続する状況をうかがい知ることができるのです。

確かに、詳細な文献史料はほとんどありません。しかし、博物館や個人蔵などの鏡資料と社寺の奉納鏡などはたくさん伝わっておりまして、紋様から年代的系譜を考えたりすることは十分可能です。残された鏡の数も一〇〇〇面以上に達する勢いです。ただし、鏡に鏡師の銘を刻むことはなく、年号なども刻まれませんので、工人に関する具体的なことはつかみにくくなります。

ところが都合よいことに、発掘例からの鏡工房復元は明確になりつつあります。現在までに一〇例以上見つかっており、中心はやはり京都です。京都でも八条院町には鏡工房が密集していたようです。それは現在のJR京都駅北口界隈で、再開発の大きなビルがたくさん建ち並んでいるところです。平安京の中では貴族が住んでいた上京《かみぎょう》から遠く、鏡職人たちが低い身分だったこともうかがえます。

一方、文献史料では、職人の身分秩序が明確に示されており、鋳造工人も大きなものをつくる大《だい》工《く》・中工《ちゅうく》から、小さなものをつくる小工《しょうく》・細工《さいく》まで、細分されていたようです。特に大型製品は梵《ぼん》鐘《しょう》や大仏などをつくる大工の工人で、かなり偉かったようです。烏帽子《えぼし》に白装束で、下職《したしょく》をたくさん従えていたようです。吹き祭りと呼ばれる鋳造日に神事とあわせて、大規模な鋳造を執りおこないます。また、鉄の鋳造工人と銅の鋳造工人も基本的には身分の違いから区別されていたようです。

その中で鏡づくりは小工・細工とされていたようで、スクラップを扱うことも多かったようです。少し前に「必殺仕事人」というテレビドラマがありました。三田村邦彦さんが演じる「秀さん」はかんざし飾りの職人で器用に優れた細工物をつくっていたという設定です。しかし、そのイメージは貧しい長屋で、暮らし向きもよくない、というものでした。そのドラマは江戸時代のことですが、中世の細工物をつくる工人のイメージを彷彿とさせるようです。

私は二〇〇三年に調査された京都八条院町の鏡工房跡の遺物を見学させていただく機会を得ました。発掘された鋳型は非常に多く、全部見学するには一日かかってしまう量でした。土坑と呼ばれる大きなごみ穴にいろいろな製品の鋳型とともに大量廃棄されていたからです。また、鎌倉時代から室町時代まで連綿と鋳造が続いていたことも発見された土器の型式などからわかったそうです。

ここから発見された鏡鋳型は基本的に「青家文書」に示された近世の鏡鋳型と共通する技法でした。それはわかりやすく言えばバースデーケーキのような構造です。スポンジの部分にあたる外枠部分は直径一五～二〇センチで、厚みが一〇センチ程度の粗く焼かれたスサ混じりの粘土です。コンパスで鏡の外形や縁の高まりが掘り込まれています。

外枠の上に薄いところで一～二ミリの生クリーム状の泥が塗ってあります。その泥の部分に紋様が刻まれるのです。泥といっても、非常に細かい砂で「肌真土《はだまね》」などと呼ばれています。そして、鏡面はあわせ型で平坦な板状です。

しかし、大半の鋳型はケーキのスポンジ部分、つまり外枠だけが発見されるのです。紋様は残されていません。紋様が刻まれた「肌真土」部分はよく焼きしまっていなく、鋳込んだ後に製品にくっついて外れてしまったり、残されていても上質素材なので、再利用するためにこそぎ落とされます。つまり、鋳型の大半は再利用されたと考えています。発見された鋳型はたまたま再利用されなかったもの、工人たちが操業をやめた最終段階のもの、と考えられるのです。

八条院町の工房では仏具や刀飾りなどの細工物もつくっていたようです。それから、銭の鋳型もたくさん見つかっています。いわゆるニセ銭です。ただし、奈良時代の皇朝十二銭以降は江戸時代の

「寛永通宝」まで、国策で流通した銅銭はありませんでした。中世は中国銭で代用されていたのです。銭の鋳型は「肌真土」部分に中国銭をスタンプしてあり、コピーを大量に作る方法です。

古代の鏡工房

さらにさかのぼって平安・奈良・飛鳥時代の古代の鏡工房はどうでしょうか。

このころまでさかのぼると文献史料はほとんどありません。正倉院文書に鏡づくりについて、原料の調達や工人に払う日当などが記されたものが知られるのみです。また、製品としての鏡もあまり多く残っていません。古墳の造営と鏡の副葬もなく、奉納鏡も多くは残されていないからです。

しかし、奈良県大安寺の古記録では、天平年間に文武天皇が奉じた仏像に対し、奉納鏡が大小一〇〇〇面以上寄せられたとあります。鏡づくりも活発だったことがうかがえます。現物は失われてありません。

私は古代の鏡生産が中世の鏡工房の起源となる状況ではなく、まったく違った様相だと見ています。鏡の工人もよくわかりませんが、良好な発掘成果として、奈良県飛鳥池《あすかいけ》遺跡の飛鳥時代後期の工房を例にすることができます。この工房はわが国最古の銅銭をつくっていたとして有名になった「富本《ふほん》銭《せん》」の鋳型などが発見されています。そこから海獣葡萄鏡《かいじゅうぶどうきょう》の鋳型が発見されています。ただし、舶載鏡を踏み返した精緻な鋳型で、直接紋様を彫り込んだものではありません。

飛鳥池遺跡工房の最大の特徴は金・銀・銅・鉄・ガラス・木工・漆・鹿角など、ありとあらゆる材質を使って彫金・鍍金・鋳造・鍛造・七宝など複合技術によってひとつの製品をつくっていた、ということです。

飛鳥時代の工房は銅製品の鋳造という工芸の一部門だけが独立して成り立つ製作ではないことを物語ります。たとえば、鋳造で仏様や工芸品を作ったとしても、そこに鍍金・象嵌《ぞうがん》をしたり、透かし彫りをしたり、あるいはガラスをはめて飾ったり、漆塗りの木枠に入れたり台座をつくったりと、いろいろなことをいっぺんにしてしまう工房に鏡づくりも組み込まれていたようです。そのような工房は、古墳時代中期・後期までさかのぼります。たとえば、奈良県藤ノ木古墳の馬具などにもいろいろな材料を使った複合技術が読み取れます。奈良県御所市の高殿遺構（極楽寺ヒビキ遺跡）、葛城氏の本拠地では、大豪族おかかえの工房が発見されています。南郷《なんごう》遺跡群と呼ばれたこの工房でも鋳造・鍛造・木工・ガラス細工・滑石の細工などを同じ工人集団が担っていたようです。

このような複合工房は中世・近世の状況と峻別できます。ただし、複合工房の鋳造技術は高いものとは言えず、鏡に鈴をつけて鈴鏡《れいきょう》にしたものでも、その紋様や工芸技術は粗放なものです。藤ノ木古墳からも三面の鏡が発見されていますが、数百年前の後漢時代の鏡の紋様を採用したもので、技術的にも退行しています。

三角縁神獣鏡の鋳造工人

そして、いよいよ弥生時代から古墳時代前期の鏡づくりにさかのぼることができます。ところが、鏡工房としては先に紹介しました古墳時代中期・後期から飛鳥・奈良時代の複合工房に連続するものではありません。また、残念なことに鏡工房は見つかっていません。

製品を見るかぎり、複合工房ではなく、青銅製品を専門とする鋳造工人がいたと考えます。仮に、三角縁神獣鏡の製作工房が国内にあったとすれば、他にどのようなものをつくっていたのか、あるいはもともと何をつくっていて、三角縁神獣鏡をつくった後にどのような技術継承があったのかを考えてしまいます。

三角縁神獣鏡は大型鏡で同笵鏡が大量にあります。また、長文・短文などの銘や小乳の位置など、他の仿製鏡にはみられない独特の特徴があります。つまり、国内の鋳造工人の系譜からは断絶したものになってしまうのです。

仿製鏡の鋳造工人

その一方、古墳時代には舶載鏡を手本にした仿製鏡の製作工人が存在していたことをうかがうことができます。弥生時代に銅剣・銅鐸など大型の青銅製品をつくっていた鋳造工人がいたことも確かです。そのような技術が古墳時代にまで引き継がれたのかも問題です。石野先生はじめ、大半の研究者は断絶すると考えています。

ところが、近年このような断絶に一石を投じる非常に興味深い資料が増加しました。近畿の弥生青銅器工人は連続して鋳造する連鋳式《れんちゅうしき》という技法で銅鏃《どうぞく》をつくりました。中期にさかのぼりますが、奈良県唐古・鍵遺跡からは銅鐸鋳型と見られる外枠とともに連鋳式銅鏃の鋳型の可能性を示すものも見つかっています。

そして、古墳からは連鋳式で質のよい規格化された銅鏃が大量に発見されることがあります。奈良県東大寺山古墳の二六〇本・同県メスリ山古墳の二三六本などが有名です。これらの古墳は古墳時代前期後半の築造で、初期ヤマト政権に鋳造工人が編成される時期の目安とされてきました。

興味深い資料とは、東大寺山古墳とメスリ山古墳の中間に位置するホケノ山古墳（**図38**）から、やはり規格的な銅鏃が大量に発見されたことです。この古墳には八〇本以上が副葬されていたようで

※他に伝出土の画紋帯神獣鏡連弧紋鏡あり。

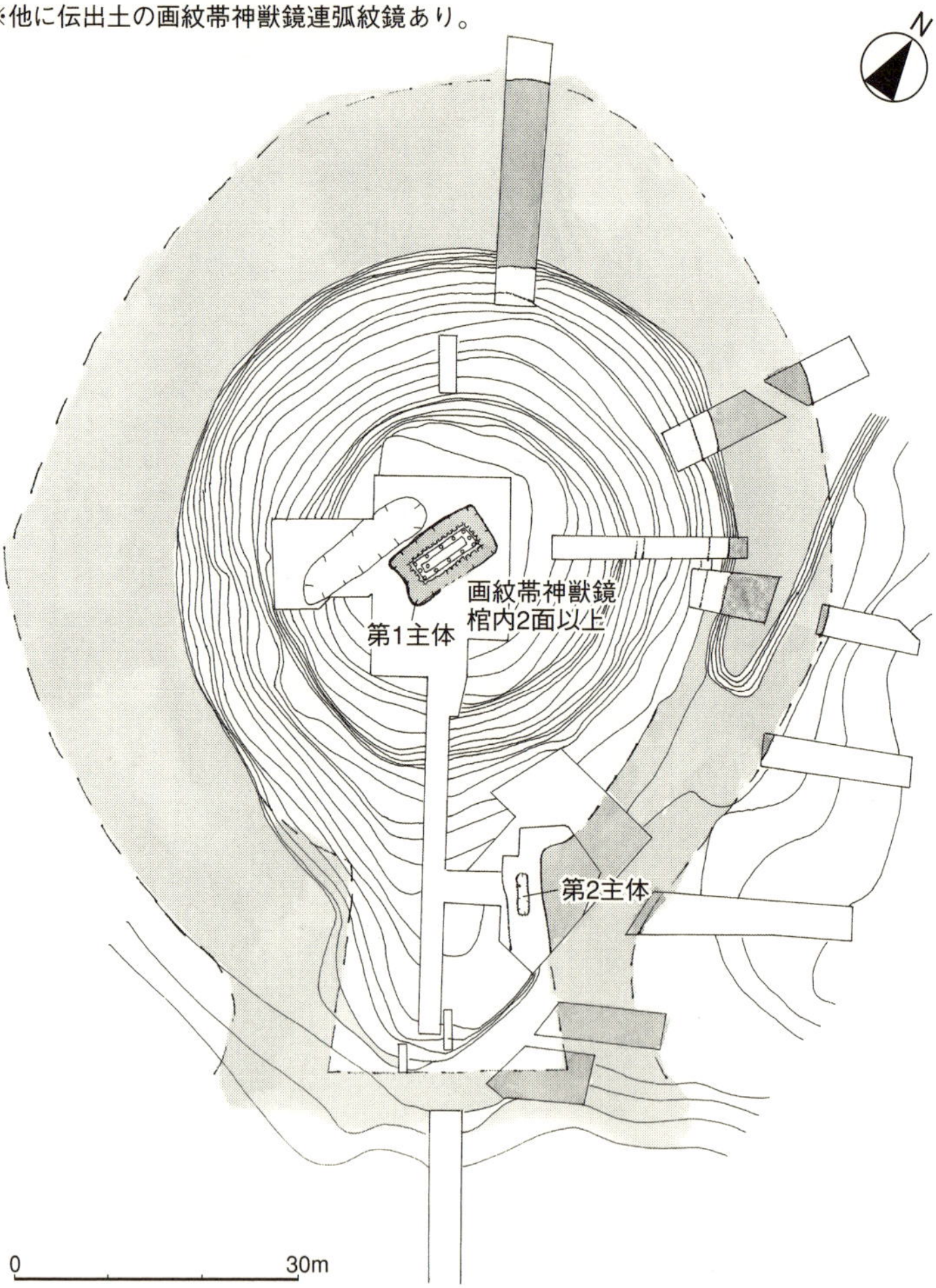

図38　ホケノ山古墳

す（図39）。なによりも、ホケノ山古墳は発生段階の墳墓で、鋳造工人の活動もその時期までさかのぼる実態がうかがえるようになったことです。

古墳から発見される規格的な銅鏃は国産仿製鏡と質が共通するような輝きをもっており、仿製鏡工人の関与がうかがえます。ホケノ山古墳の北側には大量の鏡が見つかった大和天神山《やまとてんじんやま》古墳があります。この古墳の副葬鏡には三角縁神獣鏡がなく、近所にあるほぼ同時期の黒塚古墳の様相と対照的です。

大和天神山古墳の副葬鏡は方格規矩鏡《ほうかくきくきょう》や連弧紋鏡《れんこもんきょう》（内行花紋鏡）など一七面の舶載鏡があり、他に仿製鏡もありました。初期ヤマト政権の中枢にこのような舶載鏡群の蓄積があったことから、仿製鏡を製作するための手本となる紋様がすべてとりそろっていたと考えられています。逆の見方をすれば、古墳時代前期後半には手本となる舶載鏡を副葬してもよいほど、仿製鏡工人は衰退していったのかもしれません。

ちなみに、方格規矩鏡や連弧紋鏡（内行花紋鏡）などの

図39　ホケノ山古墳出土の銅鏃

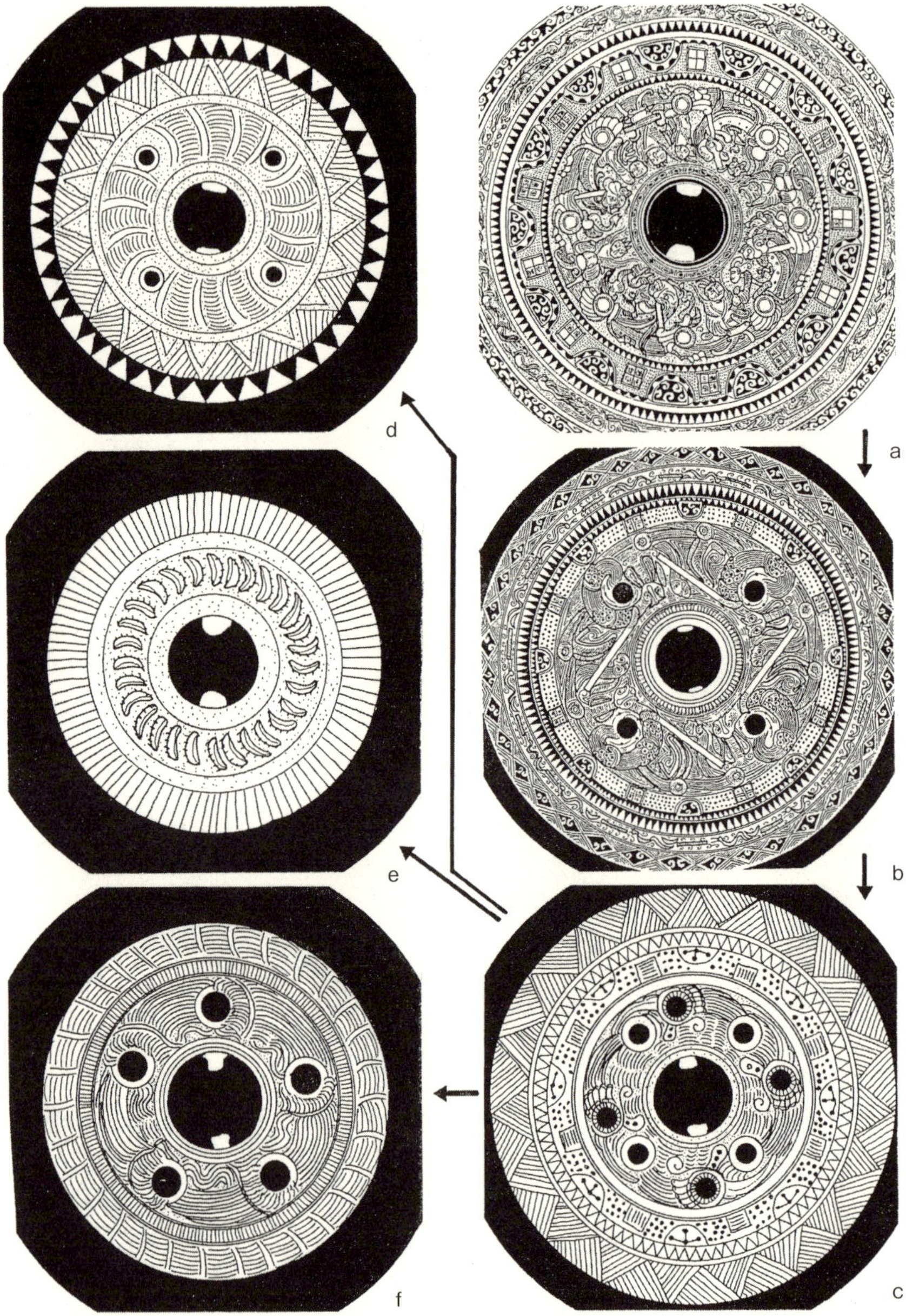

図 40　環状乳神獣鏡（a）とその仿製鏡（b・c）と仿製鏡の仿製鏡（d～f）

舶載鏡は紋様からみれば後漢前・中期（西暦一〇〇年前後）の作風です。古墳時代に対応するものではありません。したがって流入時期は弥生時代後期、古墳時代前期まで伝世したと考えられています。

弥生時代に伝来した鏡であれば、銅鐸工人などもその鏡を模倣する機会があったはずです。ところが、弥生時代の青銅器に中国鏡の図像はまったく模倣されることはありませんでした。逆に、古墳時代になってさかんに模倣が行われたのです（図40）。

私は弥生時代後期に舶載鏡がもたらされ、古墳時代まで伝世したという考えに否定的です。後漢末期から三国時代（西暦二〇〇年前後）には踏み返し鏡が多くつくられました。

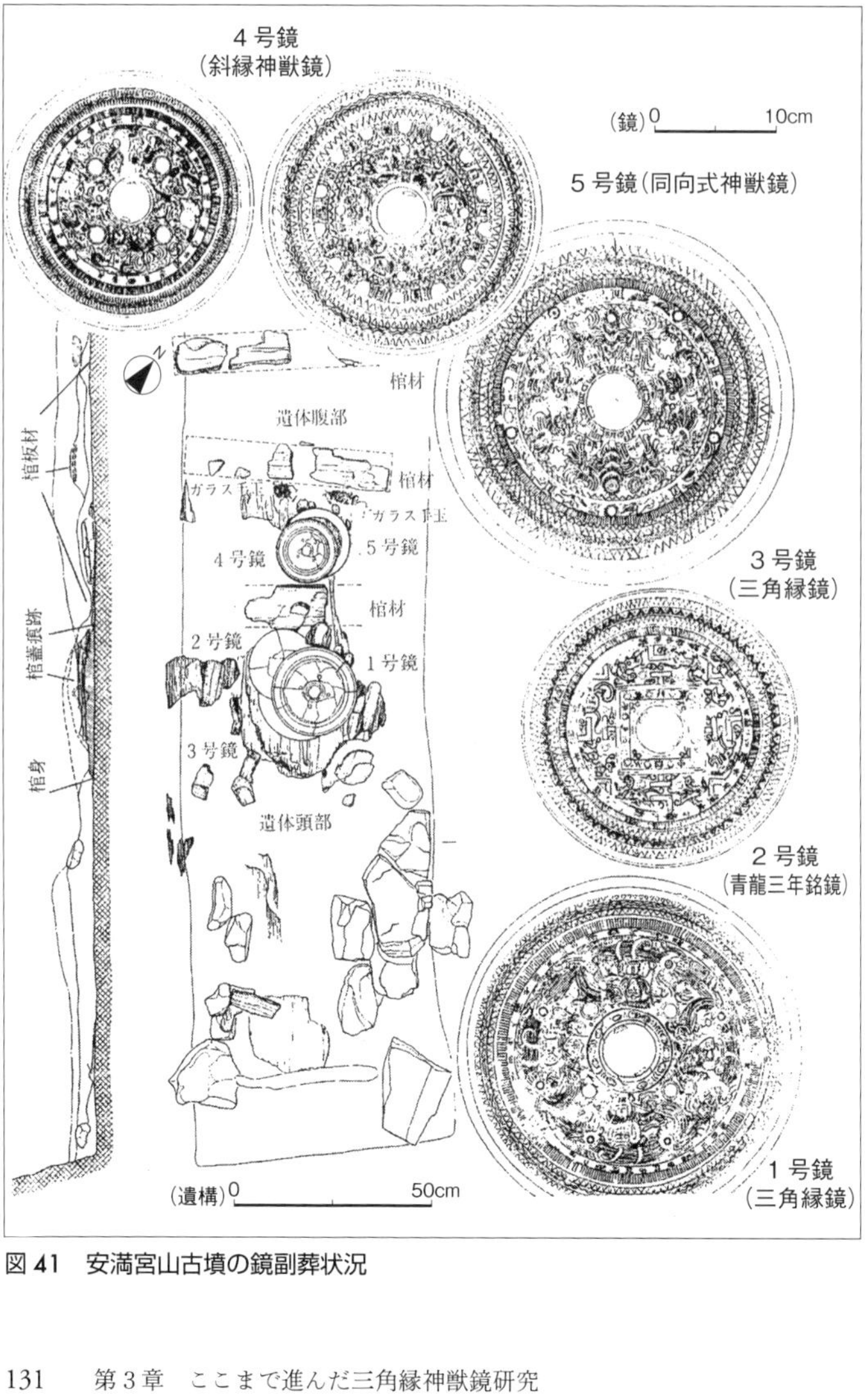

図41　安満宮山古墳の鏡副葬状況

大陸で踏み返された鏡は同時期にわが国にもたらされ、副葬されたと考えます。

大阪府安満宮山《あまみややま》古墳から発見された青龍三年銘（二三五年）の方格規矩鏡も合計三面の踏み返し鏡が国内から発見されています。ちなみに、大阪府安満宮山古墳は発生段階の古墳と考えられており、三角縁神獣鏡も見つかっています。三角縁神獣鏡のなかに伝世しなかったものを認めざるを得ません（図41）。

以上、長々とわが国の鋳造の歴史を繙いて、発掘成果から鏡工房の復元を試みました。私は鏡工房といっても鏡だけをつくっていたと考えるべきではないと思っています。逆に鏡以外のもの、たとえば銅鏃などを主につくっていた鋳造工人が鏡製作もしていた可能性を考えるべきではないでしょうか。

三角縁神獣鏡の製作工人は同じものをいっときに大量につくることに長けていたようです。それは極上品をつくる宮廷工房の工人よりも、銅銭の鋳造工人に共通する技術のようにも思えます。

青銅製品の鋳造は原料の調達から鋳物土の選定まで一朝一夕でできるものではなく、技術の継承と断絶は長期的な単位でとらえるべきだとも考えます。このような視点に立って、三角縁神獣鏡の製作や流通を語る必要があるのではないでしょうか。

3　邪馬台国の時代は弥生時代か、古墳時代か

九州説と畿内説

先にお話ししましたように、邪馬台国の時代が弥生時代のことであれば九州説が優位で、古墳時代

の話であれば近畿が優位となるわけです。ところが、考古学研究では弥生時代と古墳時代の境目が西暦何年ごろなのか明確にすることはできていませんでした。

三角縁神獣鏡には卑弥呼が魏に使いを送った「景初三年」、「正始元年」（二三九年・二四〇年）などの紀年を刻むものも含まれますが、古墳への副葬は伝世した後と考えられてきました。

ところが、今から一〇年ほど前に大阪府池上曽根遺跡から注目すべき大発見があったのです。それは、環濠集落の中枢部分から太い木の柱を据えた大型建物が発見され、朽ち果てずに残されていた柱の根の部分の年輪を分析した結果、紀元前五二年前後に伐採された木を使っていたことが判明したわけです。この大型建物は弥生時代中期後半の土器から中期末ごろの土器をともない、建造から廃絶の時期が判明しました。つまり、建造は紀元前五二年ごろで、弥生時代中期後半と位置づけられ、建物の存続期間を考えれば、おそらく紀元前後が弥生時代中期末だと推測できたわけです。

弥生時代は中期の後に後期・終末期があり、古墳時代に継続します。近畿の弥生時代後期・終末期の集落や墓は多くなく、その数や規模を考えれば、三〇〇年間や四〇〇年間に及ぶとは到底想定できません。そうすると古墳時代のはじまりは二〇〇年くらい後の西暦二〇〇年代、つまり邪馬台国の時代に重なってくることが提案されたわけです。

さらに、出現期古墳である奈良県纒向石塚（**図14、三二ページ参照**）の周濠から木製品が発見され、年輪年代測定法で分析されました。この木製品の最も外側の年輪年代が一七七年、伐採年代は一九五年頃と判明したのです。木製品が石塚完成前後の祭祀にかかわるものとすれば、同時に発見された土器や出現期古墳の造営年代が西暦二〇〇年前後と推定できるのです。同じような分析結果が、隣接する勝山古墳の周濠から発見された木製品でも確認されました。また、福岡県雀居《ささい》遺跡や大阪府下田《しもだ》遺跡など、弥生時代後期・終末期の土器をともなう遺構の年代が年輪年代測定法で次々と明らかにされていったのです。

このような成果を踏まえ、邪馬台国の女王卑弥呼の時代に古墳時代がはじまって、前方後円墳が発生したと考えることに焦点が定まってきたわけです。

邪馬台国畿内説は優位となるばかりか、その中枢が出現期古墳や前期の大型前方後円墳が集中する奈良平野東南部の地域で確定的になってきたわけなのです。

卑弥呼の治世と初期ヤマト政権

これまでにもこの地域が邪馬台国の中心部分と推測されることはありました。ところが、『魏志』倭人伝をよく読むと、卑弥呼の治世について「一女子を共立して、王とした」と記されています。つまり、権力をもつ豪族が合議して代表者である卑弥呼を選ぶという連合王権の体制なのです。ところが、古墳時代前期は巨大な前方後円墳が造営され、全国に画一的な祭祀と副葬品の配布がなされた初期ヤマト王権の時代と考えられています。それは専制君主の体制が確立した時代だったのです。

中国の威容をかりて国をまとめようとしていた卑弥呼の時代に対し、初期ヤマト王権は朝鮮半島にまで進出した違いが認められます。それは「記紀」や広開土王の碑文（三九一年から四〇四年の倭国の進攻記事）に記されています。このような体制の変化が急速に進行したとは考えられず、邪馬台国の時代と古墳時代の年代の乖離《かいり》となっていたのです。

水野先生が卑弥呼の宮殿の様子を明快に再現されました。巨大な宮殿に一〇〇〇人規模の家来が各地から集められたというものです。恐れずに申しますと、私には連合王権の体制には思えません。むしろ、専制君主の体制に近い解釈だと思います。ある意味では後の時代の飛鳥古宮より立派に感じました。

この体制の違いをもっとも強調された方が、三角縁神獣鏡研究の第一人者だった小林行雄さんです。卑弥呼の造墓のころから前方後円墳の発生までは五〇年程度の隔たりがあるだろう、そして三角縁神獣鏡や舶載鏡は伝世され続け、神格化できたと推論したわけです。

邪馬台国の時代に古墳時代がはじまったとすれば、このあたりの解釈を含めた再構築の必要があります。付け加えて、体制の問題と鏡の伝世の問題以外に大きな問題を紹介したく思います。邪馬台国の時代が古墳時代ならば、邪馬台国の時代はいつまで続いたのかという問題です。つまり、邪馬台国連合の延長上にヤマト政権が成立したのか、史料から消え去るように邪馬台国は滅んでしまうのか、という問題です。

この問いに対して、文献史料を研究される山尾幸久《やまおゆきひさ》先生（立命館大学名誉教授）は連合体制が古墳時代前期を通じて受け継がれ、体制の変質は中国南朝の歴史書に登場する倭の五王（四一三〜五〇二年に朝貢）、つまり応神・仁徳天皇陵古墳が登場する古墳時代中期と考えます。

これに対して白石太一郎先生（奈良大学）は、卑弥呼の墓が箸墓古墳としても、その造営は初期ヤマト政権に引き継がれ、邪馬台国の時代は古墳の成立段階で変質したことを主張されています。

図 42　奈良県箸墓古墳（上）と伝崇神天皇陵古墳（下）

カギを握る纒向遺跡

私は、カギを握る発掘成果として纒向遺跡があると思います。邪馬台国の中枢に纒向遺跡があるとすれば、その盛衰が邪馬台国の動向に対応すると考えるからです。纒向遺跡はⅠ式からⅤ式までの土器区分がなされ、存続期間は一〇〇～一五〇年程度です。つまり、西暦二〇〇年ごろに集落が発展したとしても古墳時代前期前半のうちに衰退してしまいます。ちなみに、諸説ありますが、纒向石塚の調査で発見された土器は纒向Ⅱ式初め、箸墓古墳外堀から発見された土器は纒向Ⅲ式中ごろから末、宮内庁が調査した崇神天皇陵古墳や景行天皇陵古墳にともなう土器は纒向Ⅳ式中ごろから末と考えられています（図42）。

ところが、対談で纒向遺跡を長年にわたって研究されてきた石野先生が興味深い発言をされました。纒向遺跡の北側に古い土器を含む地域があり、もっと広い範囲を発掘すれば、さらに中枢部分が別に発見されるかもしれないと。邪馬台国の時代を短く考える私にとって非常に興味深いお話でした。

4　三角縁神獣鏡と神仙思想

鏡の紋様の意味

最後に、三角縁神獣鏡の図像や銘文と神仙思想の関係について考えます。三角縁神獣鏡にかぎらず、中国鏡にはさまざまな神獣紋様が刻まれています。しかし、神像は本来、中国の天上世界に住む東王父・西王母とその侍従や仙人を基本としています。また、同向式神獣鏡群など、一部の鏡群には黄《こう》帝《てい》・南極老人《なんきょくろうじん》・伯牙《はくが》など、伝説上の神々も刻まれます。これらの神々の姿や配置などは明確な区別があり、説話や墓室の壁画として現在も知ることができるのです。

ところが、三角縁神獣鏡の場合、神像の数や位置は決まった配置にならず、大半は西王母・東王父の区別もありません。本来、西王母は女性をかたどっており、着物を着た立像が基本形です。三角縁神獣鏡のようにあぐら座りする女性をどう考えればよいのでしょうか。また、両脇の侍従は中心人物と区別され、小さく横向きに刻まれることを基本としますが、三角縁神獣鏡の場合、多くは中心人物と同じ大きさ、同じ形に刻まれます。

怪獣も同様で、西王母には白虎、東王父には青龍が組み合い、これらは時代とともに辟邪《へきじゃ》・天禄《てんろく》に置き換わったり、麒麟《きりん》や獅子として刻まれるようにもなります。天を支える支柱を口でつかむ図像もあります。ところが、三角縁神獣鏡の場合は怪獣の配置や数、龍・虎の区別が明瞭ではなく、中国鏡にはありえないでたらめな図像といえるのです。それは本来の図像を省略したり、簡便化したものではなく、意味をよく理解していない工人が刻んだと考えます。

ただし、わが国でつくられた仿製鏡のように、人物を紋様化したり、怪獣の体や四足を合体させたり、分離させて紋様化するほど創作は極端ではありません。以上、私が三角縁神獣鏡の紋様に意味をもたせることに躊躇する理由です。

三角縁神獣鏡の手本となる鏡

私は三角縁神獣鏡にこのような混乱がおこった理由として、三角縁神獣鏡の創出には手本となった鏡の図像があるからだと考えています。それこそ、卑弥呼本人のために宮廷工房でつくられた金銀象嵌や鍍金・貼金の施された特別な鏡、宝飾鏡だと推測しています（**図43**）。三角縁神獣鏡は卑弥呼の手を通じても、さらに臣下に配られるべき格の低い量産鏡だったからです。

同時代の宝飾鏡には図像のひとつずつを金板や銀板で切り抜いて、台鏡に貼り付けていく技法のものがあります。その場合、切り抜いた図像配列を変化させることでさまざまな紋様の多様性をつくり出すことが可能です（**図44**）。まさに、三角縁神獣鏡が二神二獣鏡から九神三獣鏡まで、多様性をもつことに対応しています。

鏡の祭祀は神仙思想か

三角縁神獣鏡が神仙思想の道具としてもたらされたとすれば、古墳に鏡を副葬すること自体にも神仙思想がかかわってくるでしょう。

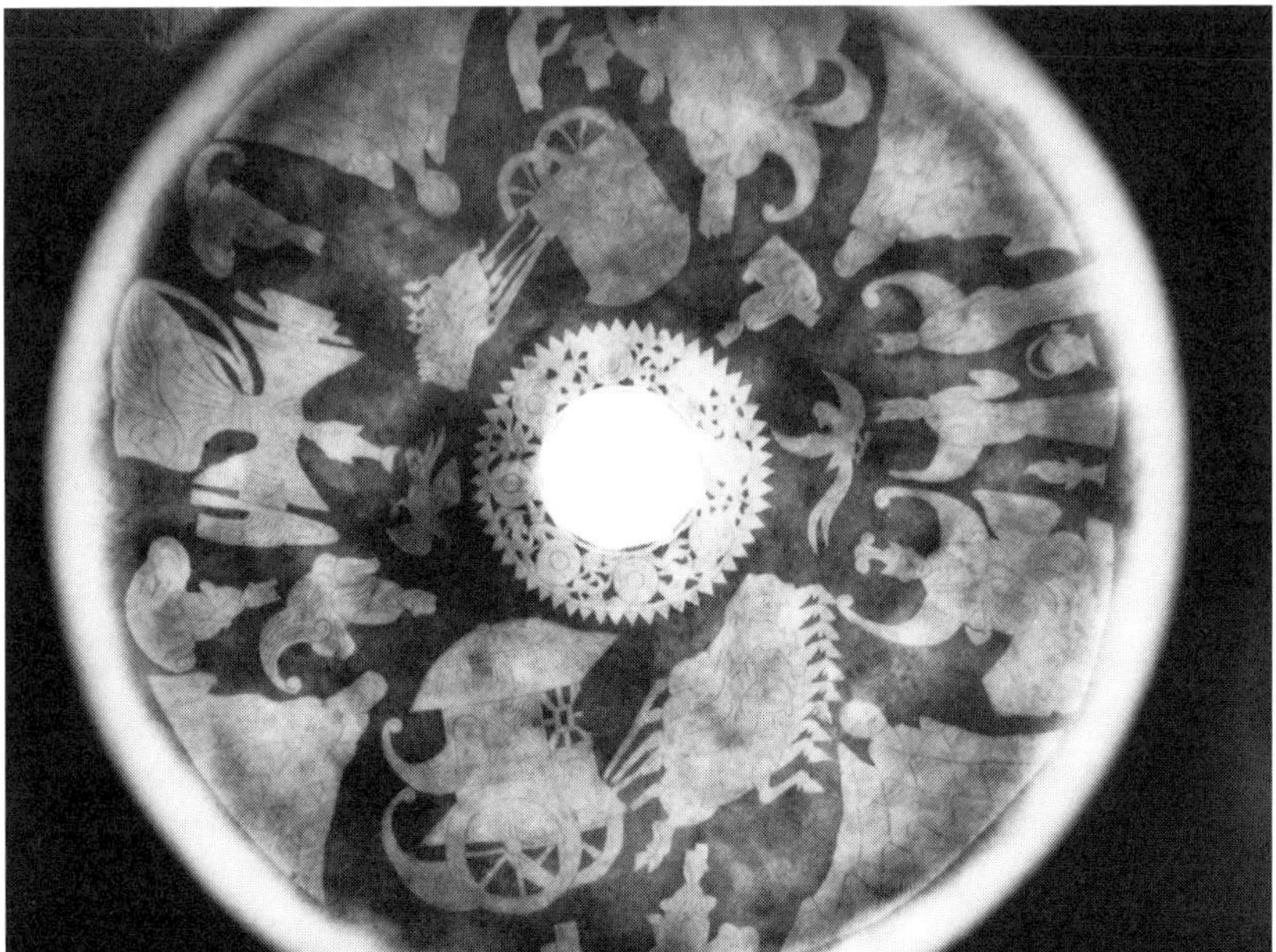

図43 三角縁神獣鏡のモデルになった宝飾鏡の例（エックス線写真）

ところで、わが国では弥生時代中期後半から鏡の副葬がはじまります。当初の副葬鏡は異体字銘帯鏡や星雲鏡など、神仙思想の紋様とは関係ないものです（**図45、一四四ページ参照**）。そして、方格規矩鏡や連弧紋鏡など神仙思想の紋様を刻む後漢鏡が舶載される弥生時代後期前半には破鏡として副葬されてしまいます（**図46、一四五ページ参照**）。つまり、紋

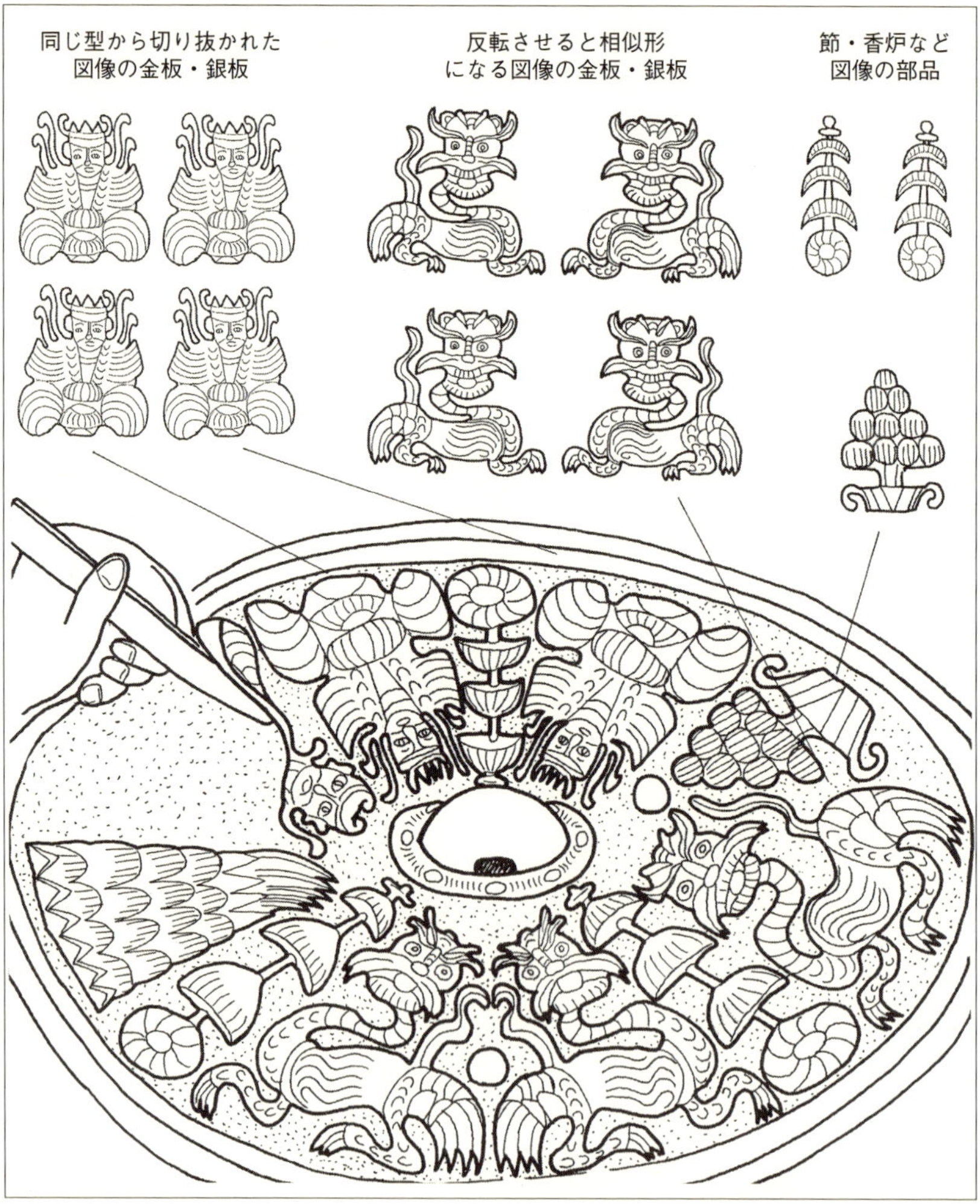

図44　宝飾鏡（貼金銀神獣鏡）の作成想定図

様にはあまり意味がないのです。

さらに、古墳時代前期は舶載鏡とともにその紋様の意味を理解できない仿製鏡が副葬され、仿製鏡の副葬は古墳時代を通じておこなわれます。古墳が消滅するころ、たとえば、高松塚古墳などには神仙思想と関連のない海獣葡萄鏡が副葬されていました（**図47f、一四六ページ参照**）。

私は最初の議論として、鋳造工人の長い歴史を繙いて、三角縁神獣鏡の工人がどう位置づけられるのか述べました。神仙思想についても鏡の副葬の長い歴史を大局的に見ることによって検証すべきだと考えます。つまり、三角縁神獣鏡や一部の舶載鏡にのみ神仙思想を関連づけることには無理があると考えます。

神仙思想研究の方向

ところで、私は古墳や舶載鏡に神仙思想が読み取れるか否かを議論することは瑣末な問題だと考えています。なぜなら同様の議論は以前にもあり、論点や展望は日本歴史学会が編集した『神仙思想』（一九六八年）におおよそ提示されているからです。

それを少し詳しく引用すれば、「過去の研究は、わが国への道教流伝の事実の有無の穿鑿に重点がおかれていたといった。そして、その成果は流伝を事実として肯定するものも否定するものも、いずれも一般に水掛け論的な印象を与えるに終わっている。これも要するに、成立道教と民衆道教の区別を考えないところからくる論旨の不徹底さからであろう。……しかし、民衆道教については事情は全く反対である。学会の大勢を占める否定論者も、古代人が神仙思想にひかれたことや道教的符禁的なマジックが行われていたことまでは否定していない。そしてそのことが、否定論者の道教流伝否定論の論旨を不徹底にさせる主因であるが、その論旨の矛盾は、成立道教と民衆道教の区別を無視しているところに起因するということはすでに述べたとおりである。」ということです。

つまり、公伝と流伝を区別せずにこの問題を論ずることに結論はないと見るわけです。たとえば、三角縁神獣鏡に仏像の図像があったり、馬具や埴輪に唐草紋や蓮華紋が取り入れられているように、仏教の紋様も公伝以前にいくらか見受けることができます。しかし、それをもって仏教の伝来は考えられていません。仏教の伝来は百済の王よりわが国の朝廷に仏・法・僧の公伝をもって認められています。

ところが、私をはじめ多くの研究者は、三角縁神獣鏡が魏の皇帝から倭国の女王卑弥呼に下賜されたと考えています。仮に中国の皇帝が三角縁神獣鏡とともに神仙思想を伝えようという意図があれば、国王同士で伝えたわけですから公伝になります。わが国に仏教が伝わる以前に神仙思想が伝わったことが実証できれば、日本史の教科書に書き加えるべき重大事項と考えます。

この点については中国史からの検討も必要になります。魏の皇帝は民間宗教に否定的だったと考えられています。邪教信仰から反乱を起こした民衆を鎮圧して建国にいたった魏が、神仙思想に傾倒した詳細も示すべきです。

古墳の発生や神仙思想などについては引き続き討論でも深化させていきたく思います。

コラム3

三国時代の中国鏡

中国鏡の流れ

中国では黄河中流域の新石器時代後期に青銅鏡が創出される。青銅器文化がどのように展開するのかはよくわかっていないが、その開始期から鏡はつくられたようだ。青銅器文化の発展段階である商代（紀元前一二〇〇年頃）には、大型青銅器とともに小型鏡がつくられ、西周時代（紀元前一〇〇〇年頃）には量産化がはじまった。いずれも粗製で銅質も悪く未熟なものである。

戦国時代後期になって、中央に三弦鈕《さんげんちゅう》、外縁断面が匕《さじ》形で内区に意匠を凝らした紋様の戦国式鏡が成立する（図45ab）。真土型《まねがた》を鋳型にして精緻な紋様を刻み、錫を多く含む良質の素材を使って鏡面はていねいに研磨される。山字紋鏡《やまじもんきょう》・羽状地紋鏡《うじょうじもんきょう》などである。この形態の鏡は秦代になって多様性が淘汰され、蟠螭紋鏡《ばんちもんきょう》や鳳凰紋鏡《ほうおうもんきょう》など、秦式鏡と呼ばれる連弧紋縁の鏡に変化しながら、前漢前期頃まで続く（図45c）。

その後、異体字銘帯鏡《いたいじめいたいきょう》や方格規矩鏡など、断面が厚い平縁に半円形の鈕をもち、銘帯や乳で区画する前漢式鏡が創出される（図45d〜f）。その系譜を引き継ぎ、構成は共通するものの各種の図像や紋様を新たな技法で刻む後漢式鏡が生まれる。後漢式鏡は神像や怪獣を中心とした神仙世界を紋様に取り入れた鏡が多い。

後漢代は中央集権が崩れ、荘園や郡国単位のまとまりが強くなり、地域色が生まれる。後漢式鏡の多様性は鏡生産が地域ごとに活発化したあらわれと考える。

後漢式鏡は鋳型を彫り込む技法の違いで三種類に大別できる。異体字銘帯鏡の流れを引き継ぐ連弧紋鏡など、平滑で凹凸が明瞭な平彫式鏡がある（図46a〜c）。この鏡群には八鳳鏡《はちほうきょう》・獣首鏡《じゅうしゅきょう》・四鳳鏡《しほうきょう》などがある。対して、鋳型にペン書きで平面的な図像を描く鏡群として方格規

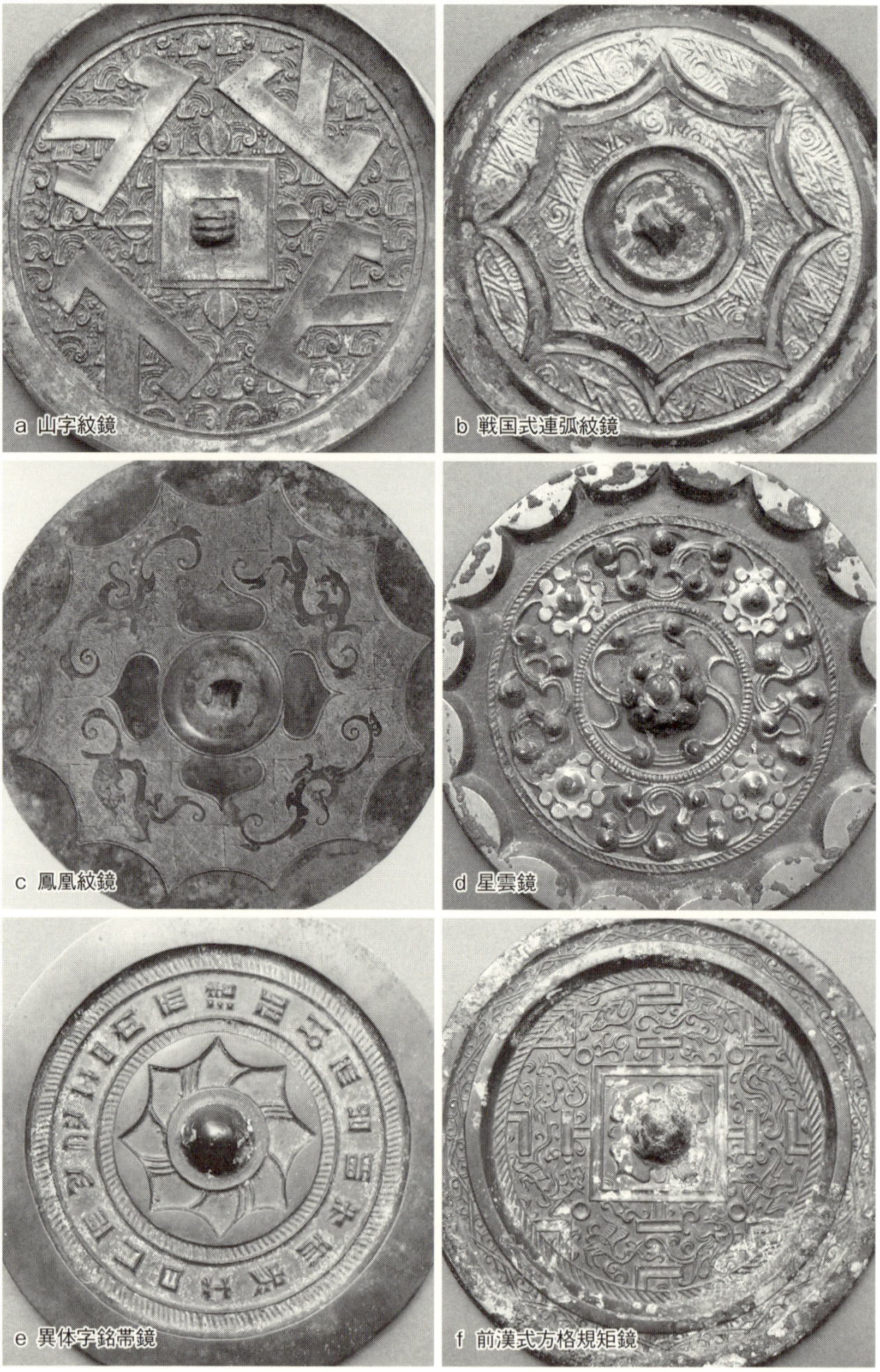
a 山字紋鏡　b 戦国式連弧紋鏡
c 鳳凰紋鏡　d 星雲鏡
e 異体字銘帯鏡　f 前漢式方格規矩鏡

図 45　戦国式鏡・秦式鏡・前漢式鏡

図 46　平彫式鏡・線彫式鏡

a 龍虎鏡
b 飛禽鏡
c 半肉彫四獣鏡
d 画紋帯同向式神獣鏡
e 画紋帯環状乳神獣鏡
f 海獣葡萄鏡

図 **47**　半肉彫式鏡・唐式鏡

矩鏡・獣帯鏡などの線彫式鏡がある（図46d〜f）。

線彫式鏡を発展させて、図像を半肉彫表現し、細部をペン書きする鏡群が神獣鏡・龍虎鏡などの半肉彫り式鏡である（図47a〜e）。

ところが、後漢以降に新鏡式の創出は長期間ない。後漢末から三国時代には戦乱が続き、貨幣経済も混迷し、精緻な青銅製品が流通することは少なくなるからだ。それは南北朝期の小国の勃興段階でもかわらなかった。

あらたに青銅製品の文化が開花する時期は隋・唐時代になってからである。それは隋が良質の五銖銭《ごしゅせん》を大量鋳造し、唐がさらに開元通宝《かいげんつうほう》を全国的に生産して流通経済が活性化された時期になってからと考える。

唐式鏡は後漢式鏡の鋳造技法や構成を引き継がない鏡群である（図47f）。海獣葡萄鏡・銘帯式獣帯鏡など、蝋型による精緻な半肉彫鋳造で、原鏡から大量の鋳型を作って量産する特徴がある。主な製作地は江南の揚州（現在の浙江省揚州市付近）であることが銘文から知られる。

三国式鏡とは

以上のように、後漢式鏡の流れが三国・六朝時代に引き継がれ、海獣葡萄鏡などの唐式鏡群が成立するまで、継続する。したがって、明瞭に三国式鏡を抽出することは難しい。大抵は三国時代に流通した鏡、魏・呉・蜀の紀年をもつ鏡という意味で三国式鏡と呼ばれる。

三国式鏡は後漢式鏡と共通するものの、概して粗略化が進み、大型鏡はほとんど見られない。近年、仿製三角縁神獣鏡も舶載鏡であるという説が注目されている。それは中国鏡自体の粗略化と対応する流れを根拠とするものである。

また、傾向として鋳造技術が退行し、後漢末の建安年代（一九六―二二〇）以降の紀年鏡には踏み返し鏡が目立つようになる。中期古墳から発見される画紋帯神獣鏡や画像鏡にも数多くの踏み返し鏡が見られ、倭の五王時代の南朝からの下賜品と考えられている。奈良県藤ノ木古墳の副葬品にも、このような鏡が流通していた実態を知ることができる。いずれの舶載鏡も原鏡は後漢代のものである。大陸での古物の踏み返しが盛んだったことに

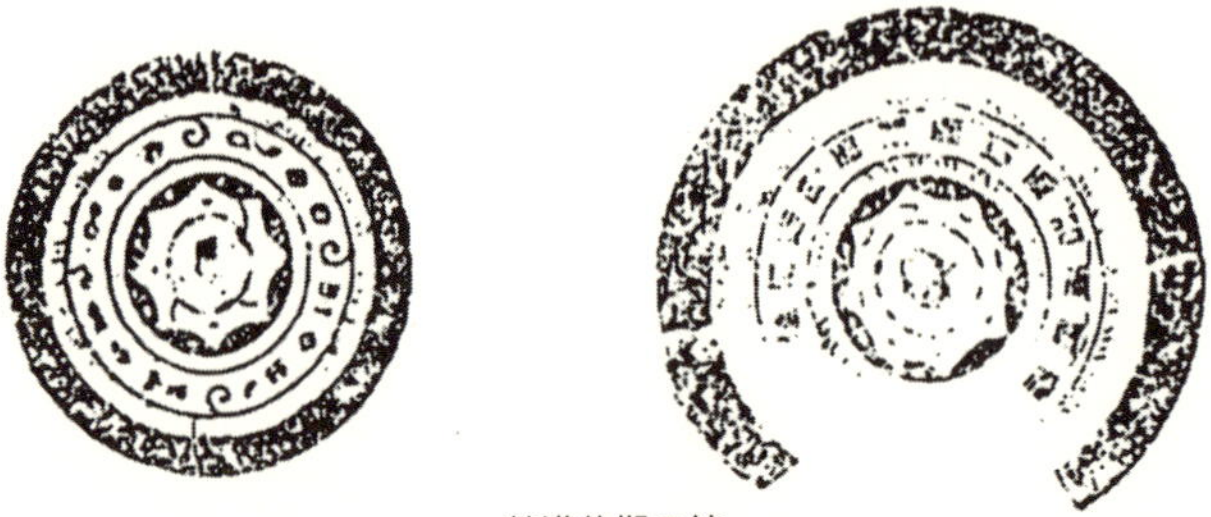

前漢後期の鏡

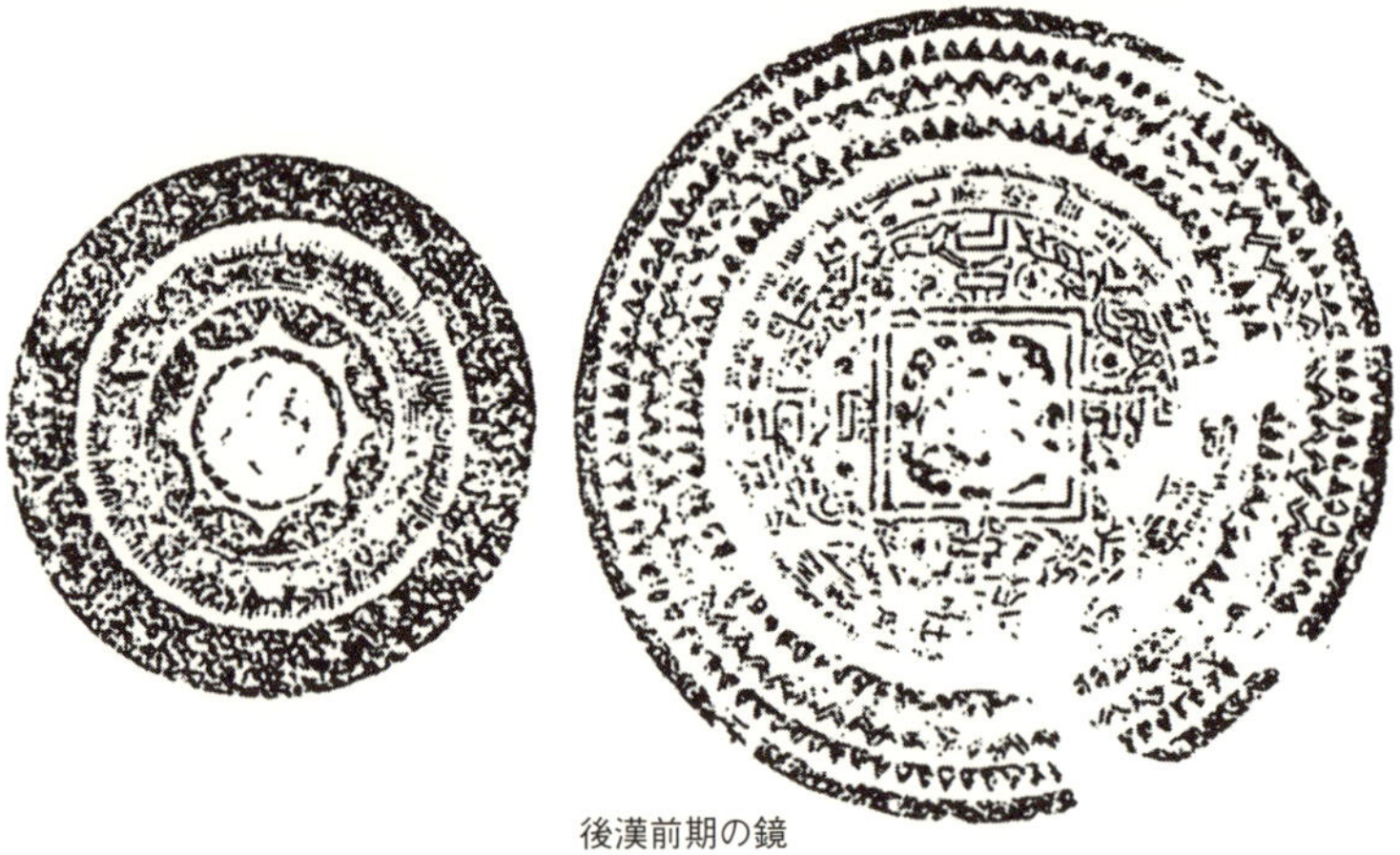

後漢前期の鏡

後漢後期の鏡（副葬した墓は魏晋代）

図 48　洛陽晋墓副葬鏡にみる古物の再利用（縮尺 1/3）

符合する。
その他、三国式鏡の特徴として、銅質が悪く、鏡面を錫でメッキする鏡や鉄を素材とした鏡が多い特徴がある。このような鏡は主に中国の東北・華北地方によく見られ、わが国への流入が少ないことは交易の実態を示唆すると考える。特に、鉄鏡は大型の壁画墓や太守・大将軍階級の墳墓からの発見が目立ち、良質の大型銅鏡が流通していないことを暗示している。

ところで、鏡の流通が混迷し、製作技術の退行する三国～六朝時代の中国においても、墳墓に鏡を副葬する風習は続けられた。魏・晋の都である洛陽《らくよう》（現在の河南省洛陽市）では、前漢中期から後漢末までの墳墓が発掘された洛陽焼溝漢墓《しょうこうかんぼ》群・西郊漢墓《せいこうかんぼ》群で、後漢末の墳墓副葬鏡は鉄鏡が主流だった。続く、魏・晋墓群では五四基の墳墓が報告されている。激しい盗掘を受けた墓も多かったが、二四面の銅鏡と七面の鉄鏡が発見されている。銅鏡はすべて前漢・後漢代に流通した鏡の再利用品で、前漢代の異体字銘帯鏡、後漢前期の方格規矩四神鏡や雲雷紋帯の連弧紋鏡、後漢後期の方格鳥紋鏡・蝙蝠座鈕《こうもりざちゅう》の連

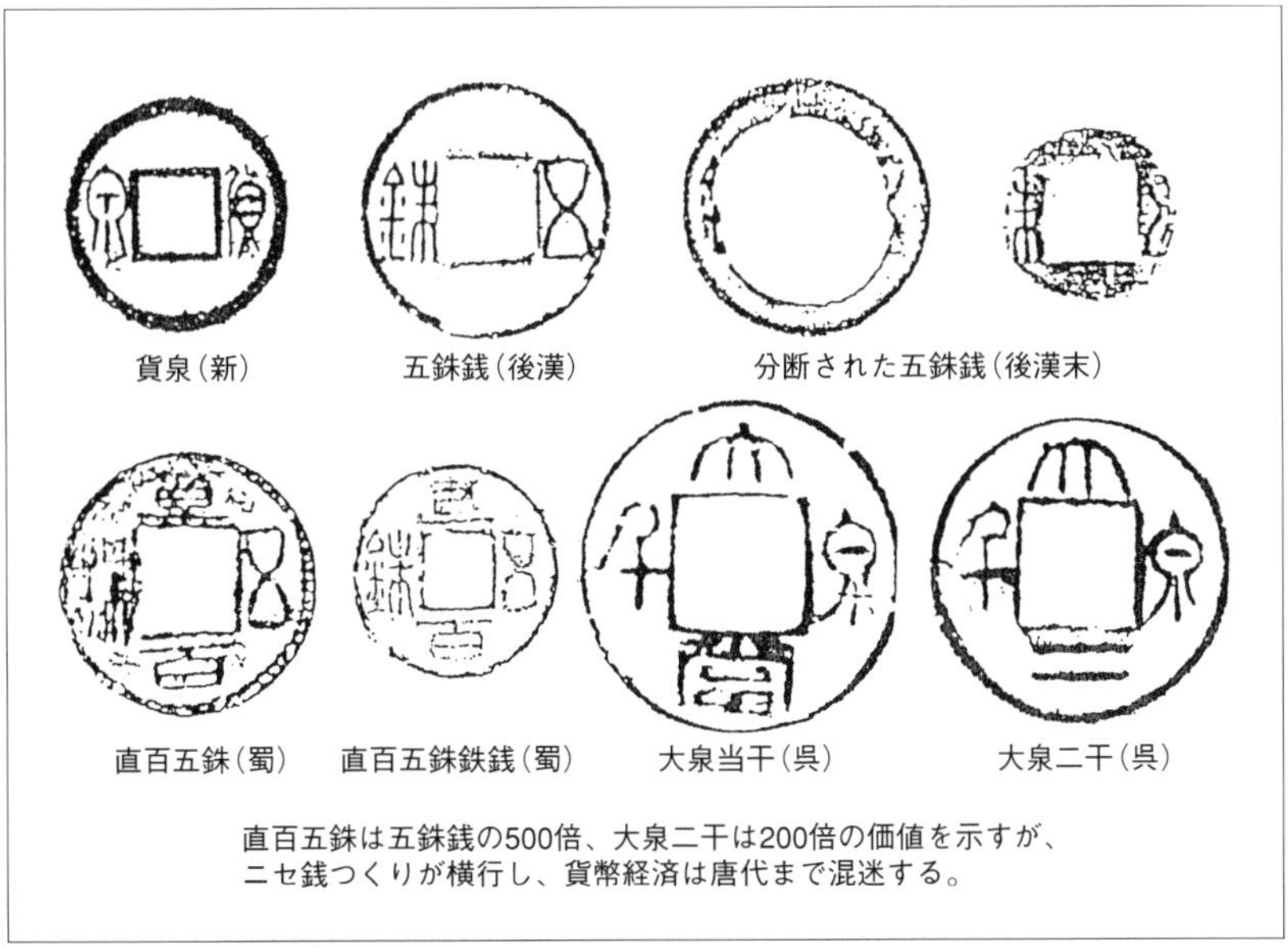

直百五銖は五銖銭の500倍、大泉二千は200倍の価値を示すが、
ニセ銭つくりが横行し、貨幣経済は唐代まで混迷する。

図 49　中国の銅銭（大きさは等倍）

弧紋鏡などだった（図48）。

さて、わが国に舶載された鏡は、弥生時代後期の遺跡では方格規矩鏡や連弧紋鏡（内行花紋鏡）など、後漢前・中期（西暦一〇〇年代頃）のものが主流である。ところが、古墳時代の舶載鏡も三角縁神獣鏡をのぞけば、依然として方格規矩鏡や連弧紋鏡（内行花紋鏡）などが数多く含まれ、後漢式鏡の範疇におさまる。この現象は鏡の伝世として解釈されてきたのである。

実際には、古墳時代前期から中期にあたる中国の三国・六朝時代には、先に示したとおり、後漢代の古物が流通しており、新鏡式としての三国式鏡や六朝鏡を示すことができないのである。

さらに、わが国では中期古墳の頃より、鏡の副葬が減り、鉄製の武具や武器を副葬することが主流となる。この現象についても、国内の政治体制の変化など、わが国の事情として解釈されている。しかし、それは古墳時代を通じて、舶載鏡が安定的に供給できたにもかかわらず、という前提の話である。

実際には、激動の三国・六朝時代において、後漢代の鏡が再利用されていたことは、質のよい鏡を安定生産できなかった証拠でもある。後漢末以降、銅鏡の生産が停滞した理由は貨幣経済の崩壊と流通の阻害が考えられる（図49）。

三国時代になって、諸国は競って前漢・後漢代に流通していた五銖銭の百倍・千倍の価値をもたせた名目貨幣をつくったり、粗悪な小銭や鉄銭などを大量発行して、貨幣経済を混乱させた。

鏡も銅銭も主成分は同じである。一方が粗悪になれば、一方も大きな影響を受ける。貨幣経済は隋・唐代まで回復せず、新鏡式も隋・唐式鏡から一気に開花する状況だ。

ちなみに、卑弥呼への下賜鏡が特別な逸品だけではなく、百枚単位であったことも当時の銅の価値が下がり、インフレ状態だったことをよく示している。三角縁神獣鏡の中には五銖銭を紋様に散りばめたものもあり、鏡が質より量の時代だったことを示している。（西川寿勝）

第四章　卑弥呼の冢と鏡——倭人伝の記事「以て死す」の証言

岡本健一

1　研究の方向

卑弥呼の鏡・蓬莱山・前方後円墳

先にお話しされました西川寿勝さんは、『三角縁神獣鏡と卑弥呼の鏡』（学生社）で前人未発の新説を出され、専門家や古代史ファンを驚かせた新鋭の考古学者です。私もショックをうけた一人で、『「日本」誕生のなぞ』（大日本図書）の中で紹介させていただいたことがあります。「三角縁神獣鏡は卑弥呼の鏡か、国産鏡か」をめぐって、みんな口から泡を飛ばして議論をしているときに、「卑弥呼の鏡は別にある。もっと華やかな宝飾鏡だ」と、西川さんは言い出されたのですから、目からウロコ、そうだったのか、と唸らされたわけです。

実際、『三角縁神獣鏡と卑弥呼の鏡』の中で宝飾鏡の実例を示しておられるのですが、私が目を見はったのは、そこに不老長寿の神仙とともに、神仙たちの住むユートピア「蓬萊山《ほうらいさん》」の図像が描かれていたことです。あとでお話ししますように、「前方後円墳の正体は、じつは壺で、この蓬萊山をかたどったものだ」と、私はかれこれ二〇年前から主張してまいりました。もし、卑弥呼が壺型の前方後円墳（蓬萊山）に葬られているとすると、〈卑弥呼の鏡〉に蓬萊山が描かれていることは、まことに好都合です。

卑弥呼の最期

さて、ここ半年ばかり夢中になって考えているテーマがあります。それは「卑弥呼の最期」です。ご存じのとおり、『魏志』倭人伝には「卑弥呼、以て死す。大いに冢《つか》を作る、径百余歩」と記されています。「卑弥呼が死ぬと、大いに冢（墓）を作った。直径が百余歩つまり一五〇メートルほどあった」。そして「殉死する者奴婢百余人」とも記しています。おそらく魏の皇帝から贈られた〈卑弥呼の鏡〉も、そのなかに納められたことでしょう。

ここに、卑弥呼＝邪馬台国問題を解くための三つのカギが、明示または暗示されています。一つは、「卑弥呼の冢」の大きさ。古墳時代のれっきとした古墳なのか、それとも弥生時代の墳丘墓なのか、現代の邪馬台国問題最大の争点です。二つめは、「卑弥呼の鏡」のゆくえの暗示。そして三つめは、「卑弥呼の死」です。前の二つは、考古学上のカギ、三つめは、文献学上のカギです。

近年、「邪馬台国問題を解決するには、考古学の発掘の成果をまつしかない。もはや、『倭人伝』の文献解釈は出つくした」と、だれも信じて疑いません。マスコミの考古学報道で、三角縁神獣鏡の発見や前方後円墳の起源にあつい眼差しが注がれるのは、むろん、そのためです。

けれども、文献解釈にもまだまだ新しい解釈の余地のあることが、標題の「卑弥呼、以て死す」を追究してわかりました。原文では「卑弥呼以死」という、さりげない五文字ですが、これを調べると、病気や老衰による自然死ではなさそうなのです。事故死か自決か戦死か、いずれにしても、尋常な死に方ではない。もし、卑弥呼が、なにか特異な不慮の最期を遂げたのなら、『古事記』や『日本書紀』のなかに同じような境涯の人物を探し出して、卑弥呼のフルネームを割り出し、一気に邪馬台国問題を解決できるかもしれない。「以死」が、にわかに卑弥呼問題を解く重要なカギになってくるのです。

そこで、まず「以死」の意味を追究しましょう。

2 「卑弥呼以死」をめぐって

「以死」の読み方

「卑弥呼以死」をめぐって、これまでいくつかの解釈がありました（**表4**）。古くは江戸時代の国学者・本居宣長が『馭戎概言《ぎょじゅうがいげん》』（一七七八年）のなかで、『倭人伝』の「以死」を「以て死す」と読みました。ただし、「以」は発語、口調を整えたり強調する意とみなし、死因については、特段、注記していません。卑弥呼が高齢であったと『倭人伝』に出てきますので、老衰か病気による自然死とみたようです。宣長説は近代の邪馬台国研究にも受け継がれ、いちばんポピュラーな岩波文庫版『魏志倭人伝』の読み下し文でも、「以て死す」と読まれています。

訓み方	文節関係	意味	死因	主唱者
A 以に死す	連続・継起	すでに死んだあと	(1) 自然死	内藤湖南・三木太郎
B 以て死す	発語・強調	死んだ	(1) 自然死	本居宣長・石原道博
	因果関係	そのとき死んだ	(2) 戦死	
		その結果、死んだ	(3) 殺害	阿部秀雄・松本清張
C 死するを以て	独立・時間	その後、死んだ時	(4) 不特定	伊瀬仙太郎・三品彰英

表 4 「以死す」の訓み方

これに対して、邪馬台国論争に火をつけた東洋史家の内藤湖南《ないとうこなん》は、「以死」を「すでに死す」と、新しい読みを示しました。湖南は朝日新聞の論説記者から京都大学に転じ、京大シナ学の金看板になった人です。明治四三年（一九一〇）、論文「卑弥呼考」を発表して畿内大和説を唱えたこと、同じ年、東京大学の白鳥庫吉《しらとりくらきち》も「倭女王卑弥呼考」で北部九州説を説き、ここに京大vs東大の邪馬台国論争がはじまったことは、よく知られているところです。

戦後になると、「死するをもって」または「死するや」と読み、「死んだとき」、「死んだので」と解釈する人たちが出てきます。西川さんのお話でとりあげられた考古学者の小林行雄先生（京都大学）や、戦後の畿内説の総師ともいうべき古代史家の三品彰英《みしなあきひで》先生（当時同志社大学）が、その代表です。

卑弥呼は殺された？

その後、一九七〇年代から八〇年代にかけて、在野の研究者から画期的な新解釈が現れました。まず、東京の阿部秀雄さんは、「以て死す」と読む点では本居宣長と変わらないのですが、「殺された」と解釈したのです。「以て」には「このために、これによって、その結果」の意味がある点に注目したものです。

『倭人伝』を見ると、「卑弥呼以死」の直前に、「告喩」という字句が出てきます（**表5**）。帯方郡から邪馬台国に派遣された郡使（張政）が、「檄《げき》を為《つく》って倭国の指導者・難升米《なしめ》に告喩した」とあるわけです。檄は、長さ約二尺（約四八センチ）の細い薄板（木簡）に書かれた召し文や説諭の書ですが、「郡使はこの檄を示して告諭した。その結果、卑弥呼は死んだ」。つまり、因果をふくめて卑弥呼を殺した、という解釈です。

この説を発展させたのが、作家の松本清張さんです。イギリスの人類学者J・G・フレーザーの『金枝篇』で紹介された、古代世界の〈王殺し〉の風習を下敷きにして、「古代の日本でも、隣国の百済などと同じく、〈王殺し〉がおこなわれていた。卑弥呼の死もその例だ」と説きました。ライバルの狗奴国《くなこく》との内戦が続くのも、卑弥呼のシャーマンとしての霊力が衰えたから、と判断され、倭国の部族長たちが謀って卑弥呼を殺害するとともに、手厚く葬った、と主張したのでした。

九州の奥野正男《おくのまさお》先生（のち宮崎公立大学教授）

正始八年（二四七年）	対高句麗戦争で帯方郡太守が戦死。新太守が着任。卑弥呼が帯方郡に特使を派遣。対狗奴国戦争の状況を報告。
正始九年頃（二四八年）	帯方郡太守、塞曹掾史の張政らを郡使（＝軍事顧問団）として倭国に送る。郡使は詔書・黄幢を難升米に授け、檄を作って難升米に告喩する。卑弥呼、以死す。大いに冢を作る。径百余歩。殉葬者奴婢百余人。

表5 正始八・九年の倭国をめぐる情勢

は、清張説に同調しながら、殺害したのは帯方郡《たいほうぐん》から送りこまれた郡使（軍事顧問団）、と考えました。

清張さんが亡くなったあと、この〈王殺し〉説を積極的に発展される方はありませんが、邪馬台国ファンには広く支持されているようです。逆に、古代史の先生方は、〈王殺し〉のニュアンスがある「以て死す」を避けようとされたのか、「すでに死す」と読む湖南説に同調する人がふえました。そのなかで、佐伯有清《さえきありきよ》先生は（再三、邪馬台国の研究史をまとめ、基本論文を集大成するなど、研究基盤を整えられた方ですが）、最近の『魏志倭人伝を読む（上・下）』（吉川弘文館）で清張説に大きな注意をはらい、その可能性を示唆されました。

『史記』の「以死」

私も清張説に接して以来、そのおもしろさに心をひかれてきた一人です。ちょうど一〇年前、『邪馬台国論争』（講談社選書メチエ）を出したとき、清張さんの説を中心に、「卑弥呼以て死す」の解釈を紹介したことがありました。それが最近、直木孝次郎《なおきこうじろう》先生（大阪市立大学名誉教授）の目にとまり、直木先生編集の『謎につつまれた邪馬台国』（史話・日本の古代第二巻、作品社）に転載され、またその縁で、今度は『松本清張研究』の古代史特集号に書く機会を与えられました。すると、不思議なもので、私の手控えのカードの中から、司馬遷《しばせん》の『史記』に見える「以死」の用例が出てきたのです。それも、黄河の治水にかかわる有名な冒頭の伝説で、次のような内容です。

『史記』によると、時代は堯《ぎょう》から舜《しゅん》に移るころ、黄河が大洪水を起こし、山のように水が押し寄せた。

「黄河治水の難工事にあたれる人物は、鯀《こん》しかいない」と、群臣が強く推薦するものですから、堯も鯀に治水を命じました。しかし、さすがの鯀にも手の施しようがなく、いたずらに歳月がたちます。舜が天下を見回ったところ、いっこうに事態は改善していない。そこで「舜は鯀を北極の羽山へ流し、以て死せしむ」、つまり殺したというのです。この鯀の子が禹《う》で、父の後をついで黄河の治水に成功し、夏《か》王朝の始祖となることは、よく知られているところです。

『史記』の原文は「乃殛鯀於羽山、以死」です。この短い文章を、『魏志』倭人伝の原文の「卑弥呼以死」と対比すると、まことによく似ています（**表6**）。

まず、卑弥呼も鯀も、周囲の共立／推挙で登場します。ともに、戦争／治水の難問に遭遇し、いずれも解決に失敗します。そして、告諭／追放されたあと、死を迎える。それが「以死」と表現されました。

歴代王朝の正史を著すほどの歴史家たちなら、『史記』の重要な巻々の文章を諳《そらん》じていたことでしょう。したがって、『史記』に描かれた鯀の最期と『魏志』に見える卑弥呼の最期が、文の構造において酷似しているのは、決して偶然ではないでしょう。陳寿が「卑弥呼以死」と書いたとき、おそ

	登場	難問	成否	処置	結末	死後	継承
鯀	群臣の支持	黄河の治水	治水に失敗	舜に殛さる	もって死す	黄龍に化す	禹王が継承
卑弥呼	諸国の共立	狗奴国戦争	内戦長期化	郡使の告喩	もって死す	大冢を作る	台与が継承

表6　鯀と卑弥呼の共通点

らく『史記』の「鯀の以死」伝説と重ねあわせていた、と思われるのです。「卑弥呼もまた、鯀と同じく非業の死を遂げた」と、陳寿が想定していたことは、ほぼ間違いないでしょう。

中国史書の「以死」

しかし、いくら似ているからといっても、『史記』のこの一例だけで、「卑弥呼以死」の意味を決めつけるわけにはまいりません。そこで、さらに用例を探し、その中から、興味深い例を選び、『新釈漢文大系』(明治書院)や中国古典の原文などと照らし合わせてまとめたのが、**表7**です。

ご覧のとおり、「以死」という表現は、いずれも自然死の場合には用いられていません。著名な人物について見ておきましょう(文頭の番号は**表7**に対応)。

①屈原《くつげん》は、端午の節句のチマキでおなじみの楚の王族で詩人ですね。斉《せい》と合従《がっしょう》して秦《しん》と対抗しようと活躍しますが、秦に籠絡された連衡《れんこう》派の讒言《ざんげん》によって追放され、洞庭湖《どうていこ》のあたりを放浪のすえ、世の腐敗を憤り、石を懐いて、ついに自ら汨羅《べきら》の淵に身を投じ、「以て死す」と伝えられています。むろん、自死です。

⑥蜀の宰相・諸葛孔明《しょかつこうめい》は、劉備《りゅうび》から後事を託されたとき、涙をはらはら落としながら、誓いました。臣はあえて全力を尽くし、忠義を顕し、「これを継ぐに死を以てせん(最後には命を捨てる覚悟です)」と。挺身です。

⑦『後漢書』の著者・范曄《はんよう》も四四六年、宋王朝内部のクーデタ計画に加わったとして、一族ともども公開処刑されました。後世の歴史家からも「救いようのない反逆者」と非難されてきたのですが、

番号	人物	本文	死因	出典
1	楚・屈原	於是懐石、遂自投汨羅以死	自殺	『史記』屈原伝
2	晋・伯宗	伯宗之以死	殺害	『潜夫論』賢難
3	楚・子重（爾）	爾多殺不辜、余必使爾罷於奔命以死	奔命	『春秋左氏伝』成公一五年
4	梁・人民	厚斂于民以養禽獣、而使民饑以死	餓死	『孟子』『孟子集注』
5	漢・公卿	公卿以下必以死争、不奉詔	必死	『漢書』史丹伝
6	蜀・諸葛亮	臣敢竭股肱之力、効忠貞之節、継之以死！	挺身	『三国志』孔明伝
7	宋・范曄	蔚宗（范曄）……遂被誣害以死	刑死	『申范』
8	天若日子	天若日子寝朝床之高胸坂に中りて以て死にき	神罰	『古事記』上巻
9	楠木正成	吾未可以死也	戦死	『日本外史』
10	永山弥一	軍敗れて自ら腹を割り、以て死す	敗死	『近世名誉英雄伝』
参考	板垣退助	板垣可以死、自由不会死	遭難	『遺訓名言・板垣退助』

表7 「以死」の具体例

一九世紀にいたって弁護する歴史家が現れます。甥たちの謀反の動きを知りながら、児戯の類いと見くびって上聞しなかった。そのため、ついに誣告《ぶこく》されて「以て死す」るに至った、というのです。死刑の例です。

日本古典の「以死」

ここで、日本の古典も少し見てみましょう。

⑧『古事記』によると、高天原《たかまがはら》の神々が、天若日子《あまのわかひこ》を葦原中国《あしはらのなかつくに》（出雲）の大国主命《おおくにぬしのみこと》のもとに遣わしますが、天若日子は大国主命の娘・下照《したでる》比売《ひめ》との新婚生活に溺れ、国譲りの命を伝える本務を忘れてしまいます。それどころか、高天原から差し向けられた雉《きじ》を射殺すと、その矢が高天原に達した。主神・高木神《たかぎのかみ》が怒って、天上から返し矢を放ちます。「天若日子が反逆心をもっているなら、体に当たれ」と。はたして返し矢は、朝寝をしていた天若日子の胸板に中り、「以死」す。すなわち神罰があたって死んだ、というわけです。ただし「記紀」に見える「以死」の例は、わずか五件です。

⑨次に、南北朝内乱期の元弘元年（一三三一）、楠木正成《くすのきまさしげ》が戦死と見せかけて赤坂城（大阪府千早赤阪村）を脱出します。江戸後期の儒者、頼山陽《らいさんよう》は『日本外史』で「吾未可以死也」と表現しています。後醍醐《ごだいご》天皇がご健在なのに、私は天子を見捨ててむざむざと死ぬわけにはいかない。鎌倉幕府軍の攻撃からしばらく身を隠して再起を期す、というところを『日本外史』は「以死」と表現したわけです。戦死の意味になります。

⑩さらに、明治維新の西南戦争でも「以死」が使われます。明治一〇年（一八七七）、薩軍の敗北

にさいして、薩軍の武将永山弥一《ながやまやいち》は「いくさ敗れて自ら腹を割り、以て死す」と割腹自害して果てる。この場合は敗死です。

最後に、自由民権運動期の板垣退助《いたがきたいすけ》の名言を挙げましょう。例の「板垣死すとも、自由は死せじ」です。明治一五年（一八八二）、岐阜の講演会場で暴漢に襲われたときの言葉といわれますが、たまたまインターネット上で、「板垣可以死、自由不会死」という中国語訳にぶつかりました。「板垣雖死、自由不死」と訳した例（北京大学ホームページ）もありましたが、前の訳のほうが面白いですね。ここではたんに死ぬというのではなく、「遭難して死ぬ（暗殺される）ことがあっても（よい）、自由は死なない」というニュアンスがつよく出ていて、じつに効果的な使い方だと思われます。

『三国志』全体を探る

それでは『三国志』全体に例外がないでしょうか？　手元の『三国志』のテキストは全三巻、一四〇〇ページ超です。学生時代にかえったつもりで、一ページずつ繰ろうかと思いましたが、とても埒《らち》があかない。第一、読み落としもある。そんなことを案じながら寝床に入りましたら、「パソコンを使う手がある！」と思いつきました。いいアイデアが浮かぶのは、古来、馬上・枕上・厠上の「三上」といいますが、ほんとうですね。

翌朝、インターネットで『三国志』の電子版にアクセスし、「以死」の文字を検索すると、電光石火、「以死」をふくむ三三段（個所）の文章が、丸ごとモニターに現れたのです。爽快ですね。感激しました。これなら、他の正史全体についても検証できそうです。実際、『史記』には三八段、『漢書』には一四段、『後漢書』には二八段、そして中国の正史『二十五史』全体では計七六一段あることがわかりました。もう、こうなれば一気呵成で、『春秋左氏伝《しゅんじゅうさしでん》』や『礼記《らいき》』など『十三経』の電子版テキストも検索したところ、これまた、計一三〇段見つかりました。

とりあえず、『史記』から『三国志』までの一一三例について検討すると、ほとんど例外がない。**表7**で見た死因の範囲に収まるようです。そして「すでに死す」と読む例は、『魏志』巻二一の王衛《おうえい》二劉傅伝《にりゅうふでん》に見える、「今（呉の孫）権、以死し、孤を諸葛恪に託す」など、二、三にとどまると思われます（末尾の追記参照）。

卑弥呼は不慮の死

このように、『史記』の時代から現代に至るまで、ずっと「以死」という虚詞（以）つきの熟語を使いつづけてきた。しかも、「以死」はおおむね尋常の死に方ではないことがわかった。事故死あるいは過労死・自殺・他殺・戦死など、いろいろです。

表7の「日中の古典に見える以死の用例」の二番は、春秋時代の大国・晋《しん》の伯宗《はくそう》の例です。『春秋左氏伝』によると、伯宗は日ごろ主君にたいしてもズケズケ諫言する。心配した妻が「みなさんに煙たがられると殺されますよ」と注意していたところ、果たしてそのとおり、暗殺の憂き目にあいます。

この話が、後漢時代の政治批判書『潜夫論《せんぷろん》』では、『左氏伝』に見えない「以死」の二文字を用いて、簡潔に「伯宗之以死」と縮約して記されています。現代の「関羽・張飛以死」などの言い方も、同じでしょう。特に、この用例によって、「以死」といえば普通の死を意味しないことが明白になった、と言えるかと思うのです。

要するに、各時代を通覧しても、『史記』から『三国志』までを検証しても、「以死」の意味がほとんど例外なく、「非常の死」とわかりました。「卑弥呼以死」も自然死ではなく、松本清張さんらが説かれたごとく、おそらく（a）不慮の事故死か、（b）覚悟の自害・過労死か、（c）非業の戦死・殺害かのいずれかであった、と推定されるのです。

（a）の不慮の死の場合は、卑弥呼の身になにが起こったのか、特定できません。（b）の覚悟の死の場合、卑弥呼は対狗奴国戦争の勝利を祈ってエネルギーを使いはたし、過労のために倒れたか、長引く責任をとって自死したとも考えられます。（c）の非業の死の場合、部族長の手にかかったのか、郡使に殺《あや》められたのか、はっきりしませんが、いわゆる〈王殺し〉の厄にあったと想像されます。

3　箸墓古墳の被葬者

卑弥呼の大冢は箸墓古墳

いささか卑弥呼の死に方にこだわりすぎたようですが、問題はそこから何が言えるかです。まず、卑弥呼の死後、「大いに冢を作る、径百余歩」とあります。つまり、大がかりな墓づくりをしました。その直径は百余歩、（当時の一尺は約二四センチ、一歩は六尺＝約一・四四メートルですから）約一四四メートル＋αになります。卑弥呼の没年は西暦二四七〜八年ころと推定されています。

はたして、この条件に合う古墳または墳丘墓があるのか。早くから有力な候補と目されてきたのが、奈良県桜井市の箸墓古墳ですね（**図50**）。全長は約二八〇メートルですが、後円部の直径が一五八メートル前後で、『魏志』倭人伝のデータにはなはだ近い。

そこで大正時代の末から戦中にかけて、笠井新也《かさいしんや》さん（後に徳島中学教諭）が「卑弥呼即ち倭迹迹日百襲《やまととととびももそ》姫命《ひめのみこと》」（一九二四年）「卑弥呼の冢墓と箸墓」（一九四二年）などの論文を学会誌に発表し、「卑弥呼がじつは崇神天皇の叔母・倭迹迹日百襲姫で、その墓が箸墓古墳である」と主張しました。（余談ですが、戦前の邪馬台国問題はもっぱら学界内部の論争で、単行本〔専著〕も橋本増吉《はしもとますきち》さんの大著『東洋史上より観たる日本上古史研究』（一九三二年）がたった一冊あるだけです。新聞・ラジオ・出版のメディアは、法隆寺（再建非再建）論争にシフトし、もう一方の邪馬台国論争はほとんど無報道の状態でした。）

おやっ？　弥生時代の女王卑弥呼が古墳に葬られるとは、時代錯誤ではないか、と怪訝に思われる

図50　箸墓古墳（原板を天地逆にした）

方もいらっしゃるでしょう。ご不審、もっともですが、戦前は卑弥呼がれっきとした古墳時代の女王と見られていたので、決して時代錯誤とは感じられなかったのです。そればかりか、内藤湖南は、巨大な行燈山古墳に葬られた崇神が二世紀後半の天皇、そして、卑弥呼はそれより二代後の景行天皇時代の倭姫と推定して、怪しまなかったのです。

ところが、戦後間もなく古墳の年代観が従来の二二〇年ころから三世紀末まで降った。その結果、卑弥呼は弥生時代にとりこまれ、古墳時代から切り離されてしまったわけです。大阪府立博物館の場合、「卑弥呼の宮室・楼観・城柵」の復元模型が、古墳専門館の近つ飛鳥博物館ではなく、弥生文化博物館に展示されているのが、象徴的です。

それが近年、またまたひっくり返った。箸墓の周濠部を調査した奈良県立橿原考古学研究所の寺沢《てらさわ》薫《かおる》さんによると、箸墓古墳の年代は発見された土器などの年代観から二八〇年±二〇年で、二六〇年ころまで遡る公算がある。なかには二四〇年代と見る考古学者さえ現れました（図51）。また、橿原考古学研究所を中心とする、中山大塚《なかやまおおつか》古墳・ホケノ山古墳など、大和《おおやまと》古墳群の発掘調査で、古墳の発生も三世紀はじめまで遡る可能性が出てきました。こうして、箸墓古墳が「卑弥呼（または後継者の台〈壱〉与）の墓」の有力候補として、ふたたび熱い眼差しがそそがれるようになった次第です。

しかし、箸墓古墳が宮内庁の陵墓（大市墓《おおいちばか》）に指定され、墳丘部の発掘調査が期待できない今日、これ以上のデータは当分、望めないでしょう。箸墓古墳と卑弥呼に関する研究も、しばらく膠着状態が続きそうです。三角縁神獣鏡への関心が高まるのは、こうした状況と無縁ではないようです。こんなときこそ、古代史の研究者が踏んばるチャンスではないでしょうか。

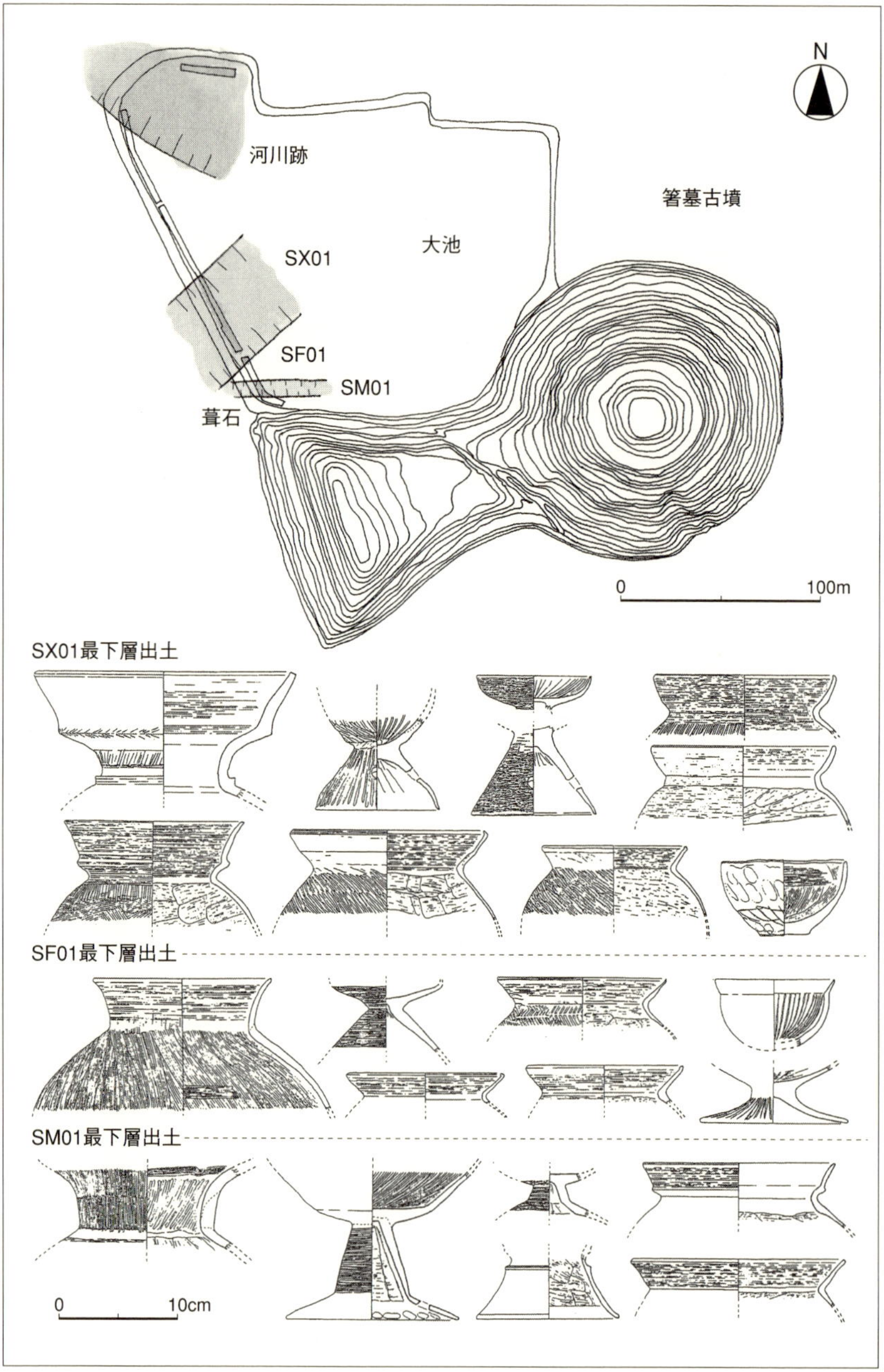

図 51　箸墓古墳と出土土器

そのさい、先に長々と述べた「卑弥呼以死」というキーワードが、新しいヒントになると思われるのです。「卑弥呼の死」は自然死ではなく、非常死。すなわち、不慮か、覚悟か、非業の死か、のいずれかと結論しましたが、それなら、古代日本のシャーマン的な女王の中に、このように「以死」した例が、いったい、あったのでしょうか。

モモソ姫の伝説

すぐに思い浮かぶ女人が、箸でホト（女陰）をついて亡くなった倭迹迹日百襲姫です。また、同時代、反乱を起こして敗死した武埴安彦《たけはにやすひこ》の妻・吾田媛《あたひめ》もいます。さらに、垂仁天皇の時代、反乱した兄とともに稲城《いなき》に籠もって死んだ皇后の沙本毘売《さほびめ》や、景行天皇の時代、倭建命が相模の走水から上総に渡る途中、嵐にみまわれたとき、入水して犠牲となった后・弟橘《おとたちばな》比売《ひめ》があげられます。神話のアマテラスも、『日本書紀』の一書では、「機の杼《ひ》でホトを傷つけて身罷《みまか》った」と伝えられています。以上の例は、もちろん、「記紀」にかぎっての話で、邪馬台国畿内説に偏っていることは、否めません。

これらの女人のなかで、時代的に可能性のあるのは、モモソ姫と吾田媛の二人でしょう。もっとも、崇神天皇の時代というだけで、暦年代は三世紀～四世紀初の間とみる諸説があって、それ以上に絞りこめません。

たとえば、『古事記』によると、崇神天皇の崩年は干支で戊寅の年。これを信用できると見る人たちの間でも、二五八年説と三一八年説が対立しています。二五八年説の代表は、古代史家の田中《たなか》卓《たかし》先生（皇学館大学）です。戦後に『住吉神社神代記』のなかに、つぎの垂仁天皇の崩年干支が辛未年

(三一一年)と記されているのを発見し、父崇神天皇の崩年は二五八年でしかありえない、と主張されました。これに同調した原秀三郎《はらひでさぶろう》先生(静岡大学)は、「大和王権(朝廷)の崇神天皇と倭(邪馬台国)の女王卑弥呼が、同時・同所で並び立つことはありえない。したがって、邪馬台国は北部九州にあった」と結論されました。

一方、『古事記』の崩年干支を信用しない研究者は、埼玉県稲荷山古墳出土の鉄剣銘(**図13、三〇ページ参照**)にみえる「辛亥年」と「ワカタケル大王」を手がかりに、崇神天皇の時代を推定しています。すなわち、この辛亥年はワカタケル大王、つまり雄略天皇の時代にふくまれるので、四七一年と推定される。雄略天皇(第二一代)から逆算すると、崇神天皇(第一〇代)の治世は一一代(八世代)前で、一世代三〇年とすれば、八×三〇=二四〇年前だから、崇神の崩年は(雄略崩年四七九年ー二四〇年=二三九年で)西暦二四〇年前後となる。また、稲荷山古墳の鉄剣に金文字を刻んだ八代目のヲワケノ臣から初代のオホヒコ(大彦)の時代を推定すると、同様に二五〇年ころとなる。

こんな次第で、崇神天皇の治世は三世紀前半から後半とする説が有力に見えますが、数理文献学の安本美典《やすもとびてん》先生(産業能率大学教授)は天皇一代の在世年数はわずか一〇年余りとみて、崇神天皇の治世は四世紀半ば、と強く主張されます。

ここで、もし箸墓古墳の被葬者が、『日本書紀』の伝承どおり、倭迹迹日百襲姫と信じられるなら、箸墓古墳の築造年代から、モモソ姫もまた、三世紀半ばすぎまで実在したシャーマン的な皇女、と推定できます(**表8**)。

『日本書紀』によると、モモソ姫は夜ごと訪れた大物主神の妻となったが、顔が見えない。「どうぞお顔を見せてください」と頼むと、神は「明日、あなたの櫛笥《くしげ》のなかに入っていましょう。でも、私のかたちに驚かれるでないぞ」と念をおした。翌朝、モモソ姫が櫛笥を開けると、美しい小蛇がいた。姫は仰天して尻もちをつく。あいにく箸の上。モモソ姫はホトを突かれて死んだ、という伝説です。

先に紹介した笠井新也さんは、①卑弥呼とモモソ姫の同時代性、②ともに巫女王的な同質性、③卑弥呼の墓と箸墓古墳の大きさの近似性という三つの理由によって、「卑弥呼すなわちモモソ姫」と推断したのでした。今日では、箸墓古墳の年代が、戦前よりはるかに高い精度で、卑弥呼の没年に近いことが証明されています。

私はさらに、四番目の理由として、右のようなモモソ姫の不慮の事故死を付け加えたいのです。箸でホトをついたのかどうか、真相はもとより知るよしもありませんが、不慮の死を神話的に語ったものでしょうか。まして、卑弥呼の死因が「女陰損傷」と見立てることもむずかしいのですが、ともに「非業の最期」という特異な点で一致する事実

	卑弥呼とその大冢	百襲姫と箸墓古墳
年代	二四七年～八年前後の築造	二八〇±二〇年
規模	「径百余歩」＝直径一四四メートル＋α	後円部径一五六～六〇メートル
立地	邪馬台国（大和）	奈良県桜井市箸中
墓主	女王卑弥呼	ヤマトトヒモモソ姫
死因	以死	女陰損傷
宗教	鬼道（神仙思想＋土着宗教）信仰	「壺形蓬莱山＝仙境」信仰
文献	『魏志』倭人伝（二八〇年代に成立）	『日本書紀』（七二〇年に完成）

表8　卑弥呼の大冢と百襲姫の箸墓古墳

（伝承）は、無視できないものがあります。

以上の議論は、いくつもの仮定や前提をつけたうえでの推定で、戦前の笠井説を少し補強したにすぎません。いつの日か、発掘調査がおこなわれたとき、魏帝から卑弥呼に贈られた「親魏倭王」の金印か任命書（制詔《せいしょう》）が出土すれば、邪馬台国問題は大団円を迎えます。「景初三年」銘の入った紀年鏡（三角縁神獣鏡か西川さん提唱の宝飾鏡）や鉄刀が現れたら、これまた畿内説は決定的に優位に立つでしょう。

ひとまず、箸墓古墳が「卑弥呼の墓」であると仮定して、このあとの話を進めることにします。

4　前方後円墳の起源と神仙思想

前方後円墳の起源は壺

箸墓古墳のかたちをご覧ください。私は毎日新聞の記者時代から「前方後円墳はなかった。あるのは壺型古墳で、その正体は蓬莱山《ほうらいさん》（蓬壺《ほうこ》）だ」と繰り返してまいりました。新聞記者は本来、黒衣《くろご》で、先生方の研究成果を読者に橋渡しするのが務めです。自説を述べてはいけないわけです。自説があれば、あくまで他の媒体で述べる。これが記者の作法ですが、私は長年、文化財担当記者の一人として先生方の指導を受けながら、学界の動向を見守るうちに、岡目八目のたとえ、いつの間にか門前の小僧が経を唱えるようになりました。決してほめたことではありません。ただ、考古学者の「古墳の発生」論が、芥川龍之介の作品ではないけれど、「政治主義的な、余りに政治主義的な」解釈に走っているようで、「古墳はもともと宗教施設ではないのですか」と疑問を呈したくなったのです。

戦後の考古学を革新したのは、小林行雄先生を中心とする京大学派ですが、その理論によると、前方後円墳は中国古代の「天円《てんえん》地方《ちほう》（天空は円く、大地は方形）」という宇宙観を表したもので、天空をかたどった円丘の上で天神を祭り、大地をあらわす方丘の上で地祇を祀ることによって、王権（首長権）継承の儀礼をおこなった。地方の首長たちも、ヤマト王権に服属するかわりに、この前方後円墳の祭式をたまわり、ここに「貴族の権威の革新」が完成した、というのです。

こうした政治主義的な解釈にたいする疑問から、「前方後円墳は蓬莱山だった」とする仮説を、毎日新聞の一九八六年元日特集号にまとめ、その後も雑誌・論集・講演会などで訴えてきました。

私よりずっと早く学界の定説に異議を唱えたのは、松本清張さんです。『遊古疑考』（一九七三年）所収の「〈前方後円〉墳の謎」で、こう論じられました。「前方後円墳は円丘と方丘の合体したものではなく、円丘に三角形の楔《くさび》が結合したかたちを表す。円は女性の子宮を、楔は男性自身を象徴する。男性と女性の交合によって赤ちゃんが生まれるように、男女の結合した墳丘のなかに死者を戻せば、死者の生命が再びよみがえると信じたのだ」と。いわゆる楔型前方後円墳説ですが、「広大な天地の真中に男女交合型の古墳を築いた」とは、小説家らしい奔放かつ壮大な発想ですね。

けれども、一九八〇年代に、近藤義郎《こんどうよしろう》先生（岡山大学）の撥型《ばちがた》前方後円墳論が登場すると、発生期の前方後円墳の典型は、前方部が楔型ではなく、撥型であることが明らかになり、清張説の根拠が揺らぎました。近藤先生はこう指摘されたのです。「前方後円墳は方丘と円丘の結合したものではない。箸墓古墳をはじめ発生期の前方後円墳は、前方部が方丘というより、撥型に近い」と。じっさい、三三面の三角縁神獣鏡を出した京都府椿井大塚山古墳も、前方部先端が撥型に開き、外反りになっています。

このように折角、重要な発見をされながら、近藤先生は撥型前方後円墳の〈かたち〉の意味については、詳しく説かれなかった。むしろ「天円地方をかたどった墳丘の上で、王権継承儀礼をおこなった」と逆戻りされるのでした。

では、前方後円型や楔型ではなく、撥型という古墳の〈かたち〉は、いったい、何をかたどったものでしょうか。天地を逆さまにして（図50）、ついでに前方後円型だという既成観念の呪縛からも解き放たれて、虚心に見ていただくと、紛れもなく壺のかたちに見えるはずです。

ちなみに、〈前方後円〉というキーワードは、幕末の勤王家蒲生君平《がもうくんぺい》が『山陵志《さんりょうし》』（一八〇八年）のなかで指摘したのがはじまりですね。「古代天皇陵の平面形は前方後円のかたちだ」と。近代の考古学は、君平の巧みな形容詞を借りて、「前方後円墳」と名づけました。中国思想史の加地伸行《かじのぶゆき》先生（大阪大学名誉教授）によると、「君平の造語ではなく、じつは『後漢書』に由来する四字熟語で、君平の古典教養の深さを示す」とのことです。

それなら、この壺型は何を意味するのでしょうか。三品彰英先生は戦前の壺型説を継承・発展された第一人者で、最後の講演「前方後円墳」（一九七二年）で「あの世への霊魂の回路」と考えられた。しかし、一九七〇〜八〇年代の考古学界は、「古墳のかたちを、何らかの器物の模倣とみるのは、もはや古い。まして素朴な壺に見立てるのはナンセンスだ」と、指弾する空気が強かったのです。

壺は蓬莱山の象徴

箸墓古墳の場合、近藤先生が強調されるように、前方部先端が外反りになっています。わざわざ外反りにつくったところに、古代人の何らかのメッセージが潜んでいるのではないでしょうか。ここで「神は細部に宿りたまう」という、A・ワールブルク（ドイツ生まれの美術史家）の名言が思い浮かびます。外反り＝撥型という細部に、神（真実）が宿っているのかもしれないのです。つまらぬと言って見過ごしてはもったいない。いっそ簡単な前方後円型につくればよいものを、わざわざ手間ひまかけて撥型に造ったのは、古代人たちが壺であることを明示するために、忠実に壺型を再現したと思われるのです。

それでは、なぜ、途方もなく大きな壺をつくったのか、説明しなければなりません。壺や甕は、どの民族・文化にもある容れ物ですが、しばしば母胎・子宮を意味しました。日本でも瓶・甕類を古語でモタヒともいい、現代の方言でもモタイと呼ぶ地方があって、この「母袋」は母胎に通じることを、『東アジアの古代文化』の主宰・大和岩雄《おおわいわお》さんから教わりました。

また、天地・宇宙や楽園のかたちも壺型と信じられた。とくに東洋では、不老長寿の神仙が棲む崑《こん》崙山《ろんさん》と蓬莱山が壺型を呈している、といいます。

異なことを聞く、と思われる方もいらっしゃるでしょうが、じつは蓬莱山が壺のかたちをしていることは、明治・大正時代までは日本人の常識だったようです。たとえば、最近話題をさらった宮崎駿監督のアニメ映画「千と千尋の神隠し」。日本の民俗・信仰・伝説・物語類からいろんなものを借用してきたブリコラージュのような作品ですが、ネタ本のひとつらしいのが、坪内逍遥の『新曲浦島』

で、千と千尋の名前もそこから選んだものと思われます。興味深いことに、映画でも『新曲浦島』でも、蓬萊山を「蓬壺《ほうこ》」と呼んでいるのですね。むろん、『謡曲』でも蓬壺は常用語。さらに、平安時代以後、蓬壺といえば天皇・上皇を指し、平清盛が手塩にかけてつくった西八条第（いまの梅小路公園）の呼び名でもあった。こんなふうに、「蓬壺」は日本文化のキーワードで、近代にいたるまで国民的な常識でした。

ところが、それが昭和に入ると、しだいに忘れられ、とくに戦後は完全に忘却されたようです。さいわい近年、蓬萊山や神仙思想への関心が高まり、蓬萊山が壺型であることが共有の知識になりつつあります。私は二〇年余り前、壺型の意味を探るうちに、たまたま〈蓬壺〉というキーワードに出合った。その瞬間、謎が解けた。「あぁ、蓬壺だったのか！」風呂から裸で飛び出したアルキメデスのように、「ユリイカ（わかった）！」と躍りあがったものです。

蓬壺の図を探しますと、有名な中国山東省沂南《ぎなん》画像石墓（二〇〇年前後）の左右の門柱に、壺型の蓬萊山の上に座る東王父《とうおうふ》、崑崙山《こんろんざん》の上に座る西王母《せいおうぼ》が線刻されています（図52）。蓬萊山も崑崙山も、全体として三口フラスコのかたちで、三口とも撥型に開き、壺であることを明示しています。中国の古典では、蓬萊山も崑崙山も「三成」と記されていますが、沂南画像石の三口フラスコ型は、この「三成（三峰）」を表したものでしょうか。それとも、蓬萊山をふくむ海東の神仙境「三神山（三山）」を象徴するのでしょうか。

ちなみに、先に述べた江戸時代の蒲生君平は、天皇陵の特徴として「前方後円」とともに「三成（三段築成）」をあげています。前方後円墳には、たしかに三段築成のものが多いのですが、そのルーツは、中国古代の「三成（三峰）の蓬莱山」のイメージが変容したものかもしれません。

「三山」といえば、わが大和三山が連想されます。香具山《かぐやま》・畝傍山《うねびやま》・耳成山《みみなしやま》の三山のうち、香具山を『万葉集』は「芳来山」と記しています。訓読みすればカグヤマ、音読みすればホウライサンで蓬莱山と同じです。つまり香具山が蓬莱山に見立てられたわけですね。そこで、三山がとりかこむ中央に藤原宮をつくったことは、ここが不老長寿のユートピア「神仙境」であることを願ったもの、といわれています。平城京も平安京も、同じく三山にかこまれた土地に造るのが、定番となりました。

　このように、古代の都城が神仙思想にもとづいてつくられたとすると、「卑弥呼の墓」箸墓古墳は、四〇〇年も前に神仙思想にしたがって壺型に造営されたことになります。はたして、そのころに神仙思想が伝わった証拠があるのでしょうか。

三角縁神獣鏡の図像と神仙思想

　そこで、「卑弥呼の鏡」といわれる三角縁神獣鏡の図像と銘文を中心に、神仙思想がすでに受け入れ

図 52　蓬莱山のイメージ（山東省沂南画像石墓の壁画）

られていたことを確認しましょう。

三角縁神獣鏡には、西王母・東王父をはじめとする神仙と霊獣の図像が鋳出されています。三角縁神獣鏡より一時代前、後漢時代の神獣鏡や画文帯神獣鏡には、黄帝《こうてい》や伯牙《はくが》などあまたの神仙たちの図像が見えます。ここには兵庫県権現山五一号墳の三角縁神獣鏡の描き起こし（原図・岸本直文《きしもとなおふみ》さん、加筆・一瀬和夫《いちのせかずお》さん）をあげました（図53）。西王母と東王父がはっきりと描かれています。

さて、三角縁神獣鏡が卑弥呼に贈られた「銅鏡百枚」であったか、国産鏡であったか、まだ確定していないけれども、そのいずれであっても、「景初三年」鏡（二三九年）・「景初四年」鏡（二四〇年）・「正始元年」鏡（二四〇年）と、時々刻々に鋳造された紀年鏡は、卑弥呼と同時代の鏡にちがいありません。卑弥呼は三角縁神獣鏡をたんに「ピカピカ輝く舶来の光りもの」として愛好したわけではないでしょう。これが崑崙山にいらっしゃる西王母、これが蓬莱山にいます東王父と解説を受け、不老長寿をつかさどる、ありがたい神々にすがろうとしたのでしょう。

図像のまわりには銘文があり、「仙人」・「寿如金石」などの吉祥句が読めます。この鏡をもてば、金石のように寿命が延びる、という意味です。さらに、三角縁神獣鏡には「海東に至る」という銘文をもつ鏡があります。蓬莱山というキーワードこそないけれど、「海東」という文字から、「海東の蓬莱山へ至る」ことを願っていたらしい、と臆測できます。この点は、早く大正時代に考古学者の梅原《うめはら》末治《すえじ》先生（京都大学）が指摘されたところです。

私が「前方後円墳＝壺型の蓬莱山」説をやっとこさの思いで新聞に書いたとき、（じつは、すでに昭和一七年（一九四二）、フランスの東洋学者R・スタン博士が、当然のことのように「蓬莱山だ」

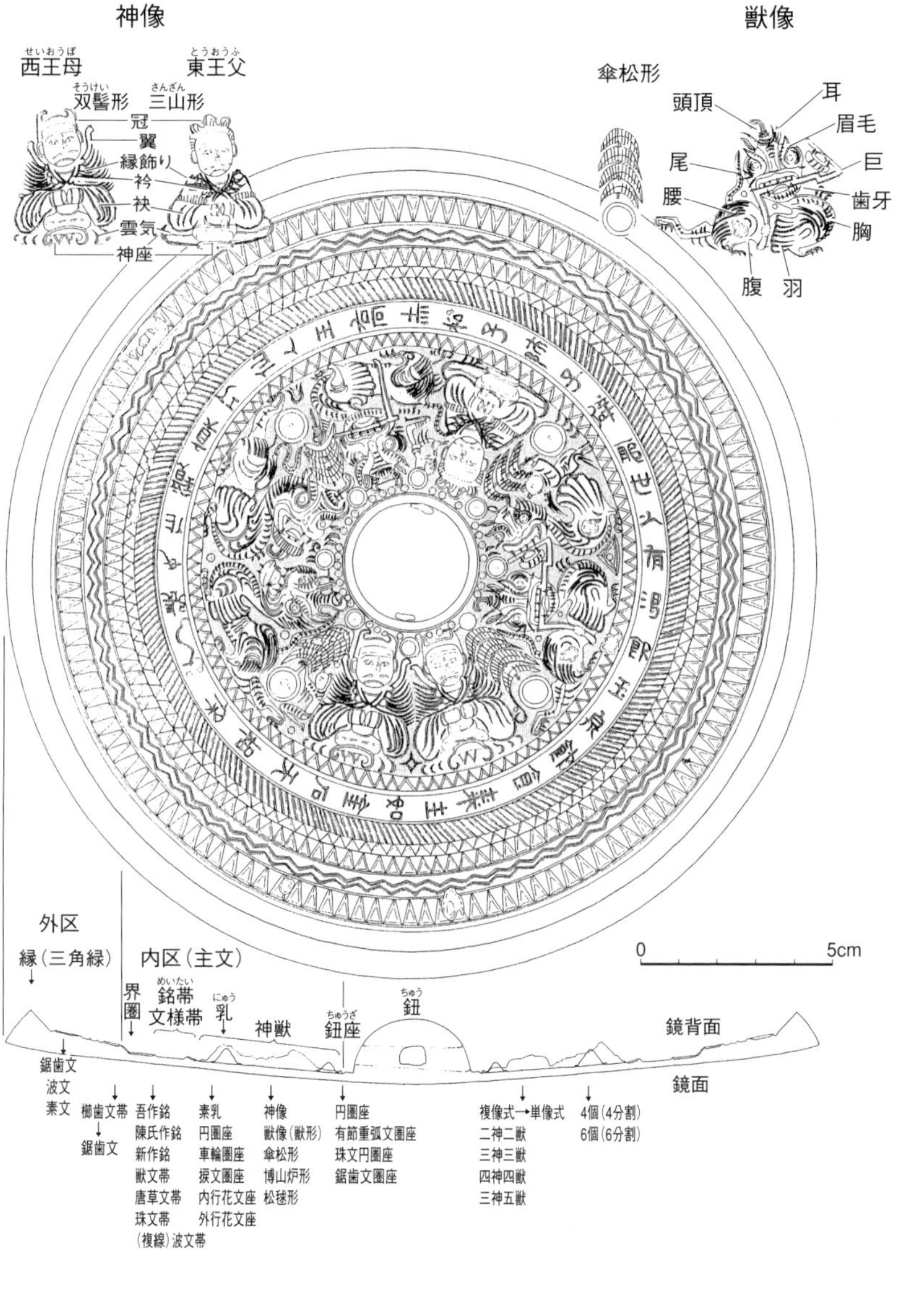

図 53　三角縁神獣鏡の各部名称（大阪府立近つ飛鳥博物館編『鏡の時代——銅鏡百枚』から）

と言い切っていたのですが）、三世紀までに神仙思想が入ってきたことを示す証拠は、残念ながら、三角縁神獣鏡や画文帯神獣鏡など神獣鏡類以外にありませんでした。

ところが二〇〇〇年、奈良県田原本町の唐古《からこ》・鍵《かぎ》遺跡から、不老長寿の仙薬の一種「禹余粮《うよりょう》」が発見されました（図54）。先にお話しした禹が、治水のために天下をへめぐったさい、食べ残したという伝説から、この名がついたといいます。ご覧になった方も多いでしょうが、ラグビーボール状の磁鉄鉱の塊の中に、薄緑色のヒスイの勾玉が大小二個入ったものでした。年代は一世紀半ば。すでに弥生時代後期のはじめに、不老長寿を説く神仙思想が受け入れられた証拠である、と当時、大きな反響を呼びました。

唐古・鍵で「禹余粮」が服用されたときから約二〇〇年後、倭人社会では「卑弥呼が鬼道で衆を妖惑した」と伝えられています。「鬼道は土着のシャーマニズムと舶来の宗教思想を混淆したもの」とは、民族学・神話学の大林太良《おおばやしたりょう》先生の解説ですが、おそらく土着信仰と舶来の神仙思想のミックスしたものだったのでしょう。

図54　禹余粮（奈良県唐古・鍵遺跡出土）

魏帝から卑弥呼に「汝の好物」として贈られた「銅鏡百枚」。そのなかに鋳出された西王母・東王父の神像を見つめながら、卑弥呼は神仙境に魂を浮遊させたにちがいありません。そして、「壺型の蓬莱山」のイメージから、「壺型の古墳」つまり前方後円墳を創出した、と考えられます。卑弥呼の鬼道＝蓬莱信仰は、やがて三角縁神獣鏡の配布とともに、津々浦々の倭人の支配層に広まり、前方後円墳を次々に産み出していきます。土着のシャーマニズムとないまざった蓬莱信仰が、燎原の火のように広まる光景を、陳寿の『魏志』倭人伝は「卑弥呼、鬼道に事へ、能く衆を惑はす」と記録したのかもしれません。

〈追記〉「卑弥呼以死」の訓み方について

上に述べたとおり、『三国志・魏書』のなかに「（孫）権以死」という類句があって、古来「孫権已に死す」と読みならわされてきました。そこで「卑弥呼以死」の場合も、「以て死す」と「以に《すで》死す」の二通りの訓み方が対立しています。私もひとまず結論を保留しておきましたが、初版の出版後、陳寿の書いた本文（孫権以死）と五世紀の歴史家裴松之《はいしょうし》の注釈（孫権已死）を子細に比較すると、本文は「孫権がけっして安穏な死を迎えたのではなく、ライバルの司馬仲達の戦略に追い詰められた結果、進退窮まって死んだのだ」と説いていることがわかりました。陳寿は孫権の「窮死」を明示するため、「以て死す（それが原因で死んだ）」と表現したわけです。

したがって「卑弥呼以死」の場合もまた、卑弥呼が狗奴国との長期戦に疲れ果てたすえに亡くなった、つまり過労死や衰弱死（または責任を問われて自死）などの広義の事故死を遂げたのだ、と推測されます。「卑弥呼以死」という簡潔な〈陳寿の筆法〉にこめられた、ただならぬ「卑弥呼の最期」を見るべきでしょう。くわしくは、小著『蓬莱山と扶桑樹――日本文化の古層の探究』思文閣出版（二〇〇八）をご覧ください。

コラム4

中国の歴史書

正史

中国では各王朝が自らの正統性と国家や臣民の範疇を正確に掌握するため、先代の王朝の記録を整理して歴史書を編纂した。それは国家的な事業として行われた。これらは「正史」と呼ばれる。対して、「別史」・「雑史」と呼ばれる参考となった歴史書もある。当初は、いくつかの歴史書を比較して、一つを「正史」に定めたからだ。時代が降るにつれ、皇帝の命によって歴史編纂所がつくられたり、学者を集めて組織的に資料を収集して歴史書を編纂するようになる。

一般に『史記』～『明史』までの二四種の歴史書を「正史」としている。ちなみに、民国の時代に清の歴史書が、中華人民共和国になってからもさまざまな前代までの歴史書が書き綴られている。また、古い歴史書は後の時代の人によって写本されたり、校注が加えられ改変された。

歴史書は宋・元・明の時代になって、日記のようにその年の出来事を書き綴った「編年体」が主体となる。それ以前は、最初に司馬遷が『史記』で採用した「紀伝体」を手本に書き分けられる。

司馬遷は『史記』で、前漢代までの歴史を本紀・表・書・世家・列伝に整理した。本紀は皇帝の事績を年代ごとに記した記録である。それに表・書・世家などが付随して、整理されている。列伝は皇帝以外の歴史上の人物ごとの個人記録である。表は年表や系図などで、書は個人記録でない出来事である。『漢書』以降は志と呼ばれた。

歴史書の中の古代日本

中国の歴史書は自国の詳細を伝えるのみならず、周辺諸国の地理や風土、列伝を記している。わが国の記述が知られる所以である。わが国に関するもっとも古い記述は、『三国志』の一部である『魏志』に登場する。『魏志』は戦乱を生き抜いた武将や参謀の武勇伝がまとめられ、その末尾に中国から見た諸外国の状況が綴られている。そのうち、東夷伝の倭人条にわが国の記述がある。

詳しくみれば、『三国志』以前の歴史書である『後漢書』にもわが国の記述がある。しかし、『後漢書』は『三国志』の編纂以降に成立したもので、その記述はおおよそ『魏志』倭人伝を見本としたことが知られる。

ただし、『後漢書』東夷伝は、倭の奴国王が建武中元二年（五七）に使者を遣わせて朝貢し、印綬を下賜されたことを伝える。これが、有名な福岡県志賀島で発見された「漢委奴国王」金印である。

さらに、永初元年（一〇七）には倭国王の帥升《すいしょう》が生口一六〇人を献上して朝貢したことも記録する。

ところで、後漢代に編纂された『漢書』の王莽《おうもう》伝には「東夷の王、大海を渡りて国珍を奉ず」という記述がある。西暦五年のことである。

この記述が倭国の使者をさすのか、真実にもとづくものかは確定しない。しかし、発掘成果をもとにすれば、前漢後期頃からわが国は大陸との交渉をもち、中国の鏡などの文物を手に入れていたことが実証できる。これらのことからも『漢書』・『後漢書』の記述をまったく無視することはできないことがわかりつつある。

「正史」とは関係ないが、中国歴史書中もっとも古くに集められた地理志に『山海経《せんがいきょう》』がある。東周時代の都洛陽を中心に、春秋・戦国時代の伝聞がまとめられたらしいが、成立年代は確定しない。中国の世界観と山野・河川・産物・山神・伝説などが図説で記されている。さながら「ウルトラ怪獣大図鑑」のように、域外の怪獣や妖怪が記されている。その中に東夷についての記述があり、東方の海上にある列島や住人の存在が認識されていたようだ。

正史概観

古代日本の記事が見られる歴史書を中心に、正史を概観したい。

『史記』は前漢の司馬遷（前一四五～?）が著した二〇〇〇年以上の通史である。神話に近い三皇五帝の事績から、春秋・戦国期の変遷、それに秦の統一から高祖劉邦による前漢の成立にいたる記録、全一三〇巻からなる。劉邦の時代から一〇〇年近くたった武帝の時代、紀元前一〇〇年前後に編纂が始まったという。

『漢書』は後漢の班固《はんこ》（三二～九二）が晩年に完成させた前漢の記録である。全一二〇巻からなる。班固の父である班彪《はんぴょう》（三～五四）が司馬遷の後を補う形で前漢の通史を著し、『後伝』とした。班固は父を受け継ぎ、前漢の成立から滅亡後の王莽期までを完成させた。しかし、国史の改作を疑われ、投獄される。未完であった表と天文志は妹などが完成させ、補った。

『漢書』には古くからの注釈書があり、唐の顔師古《がんしこ》が諸説を集成研究したものが有名である。そして、王莽伝には「東夷の王の朝貢」が記録されている。

『後漢書』は南朝宋の范曄《はんよう》（三九八～四四五）の撰である。本紀一〇巻、列伝八〇巻、志三〇巻の一二〇巻からなる。その内、志三〇巻は西晋の司馬彪《しばひょう》によって引き継がれて完成された。上述のように、金印の下賜と倭国王帥升の朝貢が記録されている。

『三国志』は西晋の陳寿《ちんじゅ》（二三三～二九七）の撰で二八〇年代に完成した。魏志が三〇巻、蜀志は一五巻、呉志は二〇巻で、本紀と列伝の区別はないが、魏を正統化して記される。魏志の中の東夷列伝倭人条に一〇〇〇行（二〇〇〇字）にわたって邪馬台国を中心とする記述がある。また、後漢末期の一八〇年代には「倭国乱」（『後漢書』によると「倭国大乱」）を記し、内戦状況であったことを記録する。約一〇〇年後の南朝宋に裴松之《はいしょうし》が補注したものが伝わる。

『宋書』は南朝宋の徐爰《じょえん》（生没不詳）の撰で、後に梁《りょう》の沈約《しんやく》（四四一～五一三）が改訂した。一〇〇巻からなる。倭の五王の朝貢に関する記述で知られる。

『隋書』は唐の魏徴《ぎちょう》（五八〇～六四三）などが太宗の命を受けて、隋滅亡から一九年後の六三六年に編纂を完了させた。帝紀五巻、列伝五〇巻、志三〇巻の八五巻からなる。志は南朝の梁・陳、北朝の北斉・北周などの記録を後になって補っている。聖徳太子の派遣した遣隋使に関する詳細な記述で知られる。また、日本の風土について、九州を中心に述べている。

『唐書』は後晋の中央官庁で九四五年に後晋《こうしん》の劉昫《りゅうく》（八八七～九四六）などが編纂した『旧唐書《くとうじょ》』と、宋の欧陽脩《おうようしゅう》（一〇〇七～一〇七二）などが一〇六〇年に成した『新唐書』がある。『旧唐書』は豊富な史料をまとめた二〇〇巻からなるものの、唐末の記事に不備が多く、『新唐書』がこの不備を補い、さらに多くの史料を加えた二二五巻である。宋代以降『新唐書』が広まったため、『旧唐書』は写本が少なく、欠落部分もみられる。『唐書』では『三国志』の倭国と『隋書』の日本国に関連する錯綜が見られる。

（西川寿勝）

対談2
前方後円墳の発生と「壺形」をめぐって

岡本健一、西川寿勝
司会　野崎清孝

岡本健一先生は卑弥呼にかかわる謎の中で、特に卑弥呼の死に焦点を絞った詳細な考証でした。卑弥呼の死は不慮の死であって、普通の死ではない、ということです。先生の最新のお考えがはじめて示されたわけであります。

あわせて、卑弥呼の大冢が奈良県の箸墓古墳であり、それは神仙思想によって成立した、はじめての前方後円墳であるということでした。卑弥呼は神仙思想を全国に広め、同時に前方後円墳も広まった、ということです。弥生時代から古墳時代への変化を大胆に意義づけなされました。先生のお考えによると、前方後円墳の形は壺をかたどったもので、神仙思想による蓬壺を意味するということです。

卑弥呼の死と大冢

司会——西川寿勝先生はこれまでの国内の鏡工房の発掘事例などを細かく検討、紹介されました。その結果、三角縁神獣鏡の国産説は、国内の鋳造工人の枠にはめることにいろいろ問題があり、難しいのではないかということでした。

それから、年輪年代学の測定成果などを紹介され、邪馬台国の時代と古墳時代の開始時期が重なること、これによって、三角縁神獣鏡の伝世期間の問題や卑弥呼の大冢が古墳である可能性など、再構築すべき考古学の課題を紹介されました。

それでは、対談をはじめるにあたって、講演の補足として、一言ずつお願いいします。

「卑弥呼以死」の読みについて

西川――岡本先生、おもしろいお話ありがとうございました。卑弥呼の「以死」について、非常にくわしい考証だったと思います。

ただし考古学では、卑弥呼の死と墓を考えた場合、特に九州の研究者は注文をつけるのです。卑弥呼が死んだ後、男王がたったけれども国中が服従せずに殺し合いがおこった。戦争状況になったのです。それで考え直して、再び台（壱）与を共立しておさまった、ということです。つまり、「卑弥呼の死んだあとは内乱状態であったので、箸墓古墳のような大きな古墳がつくれるわけがない」と反論されるわけです。

これについて四年ほど前に、渡辺正気《わたなべせいき》先生（元福岡県教育委員会・九州大学講師）が、『『魏志』倭人伝の「卑弥呼以死」の読みについて」という表題で、日本考古学協会総会で研究発表されました。

その解釈も新説として聞いていただきたいのですが、「死を以って、大いに大冢をつくる」というものです。解釈は「死に前もって、自ら古墳を造営した」ということなのです。つまり、卑弥呼の大冢は寿陵《じゅりょう》である。卑弥呼がいるときの安定政権のうちに墓をつくった、というのです。

九州の考古学の大家の渡辺先生が邪馬台国畿内説どころか、卑弥呼の墓は箸墓古墳が前提で論を進めてよいのか、という事態にみんなが驚いたわけです。

卑弥呼の死があらかじめ想定されていたこととして、箸墓古墳という大きな前方後円墳つくりがはじまった、ということです。私は古墳時代の開始年代もここまでさかのぼるのか、と三角縁神獣鏡の伝世などを頭に思い浮かべたわけです。

私は渡辺先生に直接お聞きしました。卑弥呼の墓つくりとして箸墓古墳の造営がはじまって、古墳時代もはじまる。この場合、邪馬台国の時代は古墳時代前期を通じてずっと続く、という解釈です。河内平野に仁徳天皇陵古墳や応神天皇陵古墳が築かれる時期になって、体制は変化するのです。
ところが、石野先生のお考えはじめ、大方の研究者は邪馬台国が箸墓古墳のある纒向遺跡付近を本拠地にする、ということです。つまり、纒向遺跡の消長がカギになります。遺構や土器型式の消長より、遺跡の存続年代は一〇〇年~一五〇年ほどしか続かないということから、邪馬台国の時代が西暦二〇〇年くらいにはじまったとすれば、三五〇年ごろには纒向遺跡は終わってしまう。つまり、邪馬台国も衰退して、邪馬台国の時代は古墳時代前期前半の時代に終わってしまうということです。

邪馬台国畿内説の研究者は、邪馬台国時代の終わりについて、前期前半と考えるのか、前期末と考えるか、二つに分かれているわけです。

岡本――渡辺先生の論文については、さっそく確認したく思います。ただ、ちょっと読み方が特異でして、そのように読めるのかどうか、不安があります。率直に申しまして、なかなか難しい、というより、無理な読み方だ、との印象が強いですね。

本居宣長や内藤湖南以来、「以死」の読み方は、「もって死す」、「すでに死す」、「死(する)をもって(=死んだとき)」の三通りしかありません。そのなかでいろいろ解釈されてきましたが、「やがて死するであろうから、前もって」と解釈する研究者は、これまでなかった。管見のかぎりでは、前人未発の新解釈と思われます。

ただし、漢文の読み方として、はたして可能なのかという疑いがぬぐえません。「以死」の用例は、『史記』から『三国志』まで一一三段、そう解釈できる例は、他になかったと思います。渡辺先生の新説は、「はじめに考古学ありき」で、「寿陵・寿墓」の知識にもとづいて、「こうも読める」と剛腕でもって読み伏せられた感じがします。

もちろん「寿墓」の可能性は十分ありましょうし、それを否定するものではありません。その場合、卑弥呼の創始した倭漢折衷の「鬼道」にのっとって、卑弥呼が、壺型の蓬莱山をなぞるようにして前方後円墳(壺型古墳)を設計し、その管理のもとで施工したのでしょう。また、死後に造営がはじまったのなら、卑弥呼の遺志にしたがって、壺型の蓬莱山つまり前方後円墳がつくられた、と考えられます。

箸墓古墳は卑弥呼の墓か

岡本――もう一点、先ほどの「卑弥呼の没後、内乱状態に陥ったから、箸墓古墳のような巨大古墳を作る情勢ではなかった」というコメントについて。確かにそうかもしれません。かなり前にも、邪馬台国九州説に立つ研究者の中から、同じような反論が出されたように思いますが、もちろん、その後の考古学の進展によって意味する深さが違うでしょう。

そもそも公の学会の席で「箸墓古墳は卑弥呼の墓だ」と言われだしたのは、一九八五年に奈良大学で開かれた日本考古学協会大会（第52回）のときだったと記憶しています。当時としては突出した発言でしたから、マスコミの間でも「まさか」という印象で受けとめられました。

しかしその後、土器の編年や古墳の発生の研究が進んだ結果、小林行雄先生のお弟子さんや孫弟子の方々（大阪大学の都出比呂志先生・福永伸哉先生ら）も、小林説（三世紀末説）をいわば超克して、古墳の発生は三世紀半ばまでくりあげられた。箸墓古墳の周濠の発掘調査などから、箸墓築造の暦年代も二八〇±二〇年とされた（図51、一六六ページ参照）。

九州の考古学者は、こうした比較的近年の土器・古墳研究を否定して、大局観から「箸墓が卑弥呼没後の混乱期に作られるはずがない」と言われるのでしょうか。それはまた、「卑弥呼以て死す。大いに冢を作る、径百余歩（約一五〇メートル）」という『魏志』倭人伝の記事をも否定されるのでしょうか。

同志社大学におられた三品彰英先生は、戦後の邪馬台国大和説をリードされた古代史家・神話学者ですが、小林行雄先生が古墳の発生を三世紀末に下げられたとき、断固として反対された。『魏志』倭人伝のこの一条があるかぎり、卑弥呼の墓は古墳であり、古墳時代は卑弥呼の時期にはじまると考える文献史家と、これを否定する考古学者の見解は、今後とも平行線をたどってゆくことと思われる、と述べられた。一九七〇年発行の『邪馬台国研究総覧』（創元社）です。

顧みますと、私は黒衣の新聞記者でありながら、前方後円墳の起源のほかでも、高松塚古墳の主人公や、稲荷山古墳鉄剣銘の獲加多支鹵（ワカタケル）大王名の由来などについて、異論を唱えてきました。

高松塚古墳の被葬者について、「高松塚は、藤原京の南にあるから、藤原京時代（六九四～七一〇年）の古墳だ」という学界大勢の先入観から離れて、虚心に追跡していくと、高松塚壁画そのものに重大なヒントがひそんでいた。壁画に描かれた深緑色の絹傘（蓋）が、じつは「皇族ではなく、一位の政府高官のシンボル」だったのです。年輪年代測定法は一年単位の正確さで測定年代を割り出してくれますが、高松塚古墳の絹傘も「主人公は一位の高官」と証言しているわけです。うまく文献の記録とつきあわせられたら、ピンポイントの正確さで特定の人物を割り出せるのです。さいわい、「一位の高官」は七一七年、七八歳で亡くなった左大臣、石上麻呂《いそのかみのまろ》ひとりしかいません。

ところが、当時の学界には七一〇年の平城京遷都以前、つまり藤原京時代に作られたはずという、ごく常識的な判断が先行して、七一〇年以降に亡くなった人物を、検討する方がほとんどいなかった。例外は古代史の岸俊男先生（京都大学）と作家の松本清張さんだけでした。そんな雰囲気の中で、「七一七年、従一位（追贈）で亡くなった石上麻呂が主人公だ」と主張するのは、ちょっと勇気がいります。壁画発見から一年後の毎日新聞の特集で、恐るおそる書きましたら、ありがたいことに、直木孝次郎先生（大阪市立大学名誉教授）が反論してくださった。ただし、当時の考古学界では被葬者論はタブーでしたから、反応なしでした。ようやく一〇年後に解禁されたのか、まず秋山日出雄先生（奈良県立橿原考古学研究所指導研究員）が、そして一五年後に勝部明生先生（当時奈良県立橿原考古学研究所副所長）が、それぞれの立場で「石上麻呂」説を唱えられた。さらに、発見二五年のシンポジウム（古代学研究会主催）で、森浩一先生（当時同志社大学教授）が「石上麻呂が被葬者の第一候補」とお墨付きをくださった。

前方後円墳についても、同じです。一〇年経つころから、賛同の方々が現れ、二〇年経ったとき、寺沢薫さん（当時奈良県教育委員会）が『王権誕生』のなかで前方後円墳の起源は「天円地方」説と「神仙思想（蓬莱山）」説の二説に絞られた、と集約された。

今回の「以死」は、私の創見ではありません。清張さんらの仮説を、遅まきながら追認しただけです。内藤湖南のような知的巨人に対して異を唱えるとは、恐れを知らぬ無知・無謀な者のすることですが、国学者の本居宣長も「師説にな泥《なず》みそ」、師匠の学説に遠慮するな、と説いています。宣長も湖南も、蛮勇だけは認めてくださるのでは、と願っているところです。

三角縁神獣鏡、楽浪郡製作説への道

司会——両先生には講演のご発表をさらに深めていただきました。ここで、会場から質問を受け付けます。

会場——西川先生の「三角縁神獣鏡、楽浪郡製作説」が非常にショッキングでした。この説についてはお話が少なかったのでもう少し、いきさつをお話しいただけたらと思います。

西川——やはり三角縁神獣鏡楽浪郡製作説はショッキングなのでしょうか。三角縁神獣鏡が中国で見つからないということは、みなさんよくご存じのことと思いますが、その他の舶載鏡についても中国のどこの墳墓からでも発掘される鏡なのかといいますと、そうではないのです。たとえば、三角縁神獣鏡（図55a）に関連します、斜縁神獣鏡（図55d）や画紋帯同向式神獣鏡（図55b）なども中国ではほとんど見つかることがありません。

しかし、日本と朝鮮半島からは発見例が多いのです。その他、「上方作」銘の獣形鏡（図55c）や飛禽鏡《ひきんきょう》など、日本の弥生時代終末から古墳時代前期の遺跡から見つかる鏡がことごとく中国では発見されず、朝鮮半島にはたくさんあるのです。つまり、中国のどの地域の鏡工人の影響も受けない工人集団を朝鮮半島に考えるべきだと思ったわけです。

ここまでは今から一〇年ほど前に九州などで研究発表していたわけですが、三角縁神獣鏡までが朝鮮半島でつくられていたという理由には至りませんでした。それから三年ほどよく考えまして、王の鏡とはどのようなものだろうと検証したわけです。

たとえば、史料に魏王が漢の王侯に贈った鏡の目録が

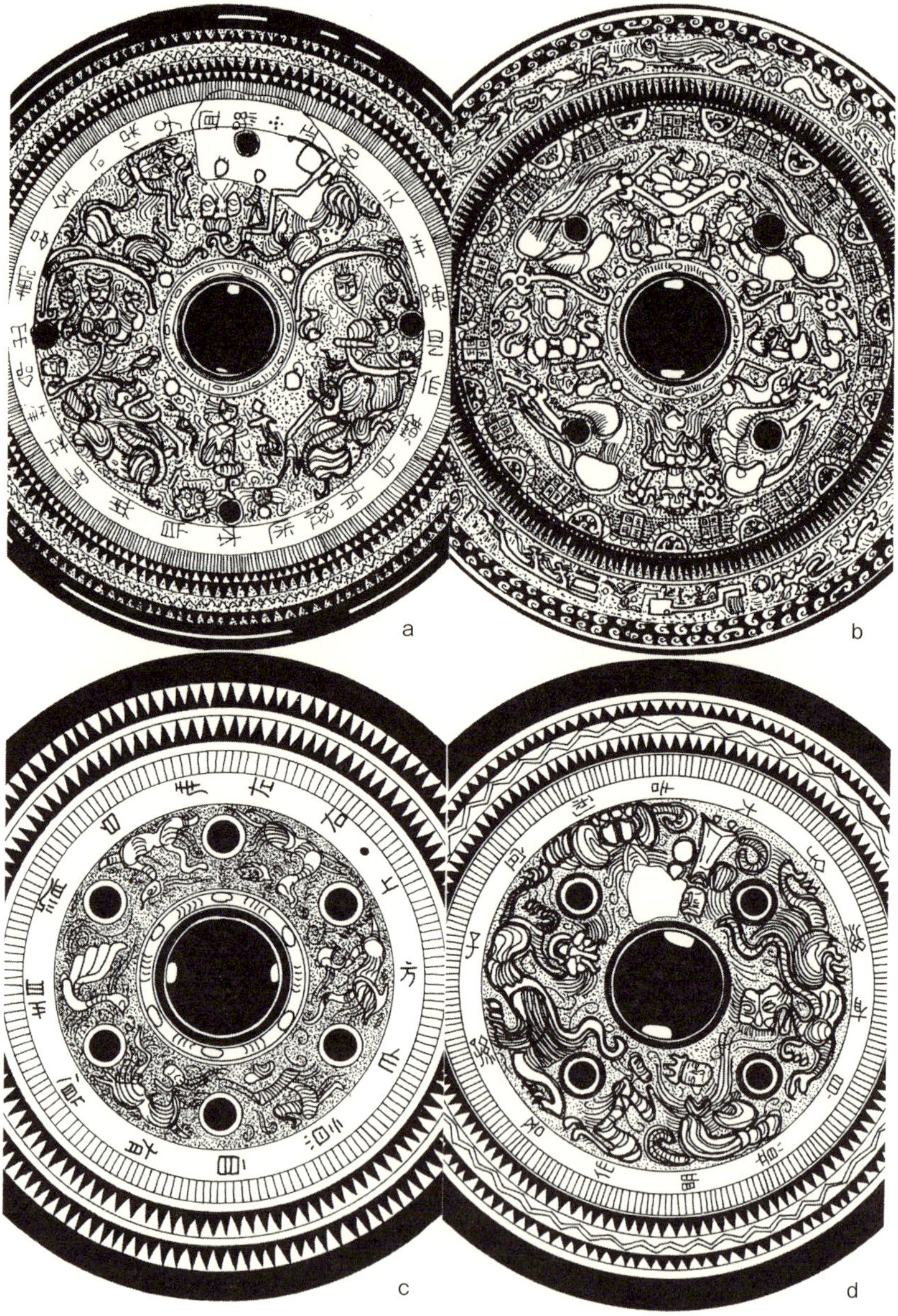

図 55　中国では出土例のない舶載鏡群
a．群馬県蟹沢古墳出土　b．伝奈良県ホケノ山古墳出土
c．伝奈良県出土　d．兵庫県ヘボソ塚古墳出土

残っています。王族は金・銀の鏡、高級官僚は官職によって大小の格付け差がある銅鏡が贈られていたのです。つまり、王から王への贈り物の鏡は金・銀を象嵌したり、貼りつけた宝飾鏡だろうと（**巻頭図版3**）。
　このような宝飾鏡の実例を細かく検討して、魏の下賜鏡「銅鏡百枚」が卑弥呼への宝飾鏡と量産型の銅鏡である三角縁神獣鏡の二種類だろうと推定したわけです。三角縁神獣鏡は金銀の宝飾がなく、紋様も粗雑で、王から王への贈り物としてはふさわしくありません。卑弥呼へは宝飾鏡が数面与えられ、それをモデルに臣下のために、最前線の楽浪郡で九〇面以上の三角縁神獣鏡が取り揃えられたという説が、三角縁神獣鏡楽浪郡製作説です。

高松塚古墳の被葬者＝石上麻呂説について

会場――岡本先生のお話しされました、高松塚古墳の被葬者＝石上麻呂説について、私は百済史を研究しておりまして、千田稔《せんだみのる》先生（国際日本文化センター教授）の説を興味深く思っています。それは百済の王陵などでは王族にのみ、墓室に星宿図を描くことができるということです。つまり、日本の場合でも、石上麻呂のように臣下の墓には星宿図が描かれるはずはない、ということなのです。高松塚古墳は百済王善光《くだらおうぜんこう》の墓、という説も含めて、岡本先生のお考えをお聞かせください。

岡本――「高松塚古墳の被葬者は百済王善光だ」とする見方は、発見当初からありました。最初に唱えられたのは、作家の司馬遼太郎《しばりょうたろう》先生と渡来人研究の権威・今井《いまい》啓一《けいいち》先生（大阪樟蔭女子大教授）でした。高松塚古墳のある飛鳥・檜隈《ひのくま》界隈は、百済系の渡来人が集住してコロニーをつくったところです。そこで、「高松塚も百済人の古墳ではないか」というところから、六九三年に没した百済王善光が浮かびあがった。年齢はわかりませんが、百済の滅亡（六六〇年）以来約三〇年、おそらく熟年世代でしょうから、この人こそふさわしいと推奨されたのです。おりから「日本の中の朝鮮文化」を探し求める作家・金達寿《キム・タルス》さんと鄭詔文《チョン・ジョムン》・貴文《キムン》ご兄弟の仕事が共感を呼び、「朝鮮史観」が古代史学界と世間を風靡していました。今でも根強い支持があります。
　ところが、いちばんシャープに被葬者の身分を語るものが、他にあります。壁画に描かれた絹傘（蓋）の色と形です。色は深緑、天辺と四隅に赤い錦裂をはり、緑の総（房）をたれている。この色と形の蓋は、大宝令（のなかの儀制令）によって「一位の官人」のものと決まっています。そこで、七一七年に亡くなった左大臣・石上麻呂に絞られるわけです。親王は紫の定めですから、最有力の忍壁親王も該当しません。ただし、壁画の色が、長年の間に化学変化や経年変化で変わったとすれば、考えなおさなければなりません。しかし、当時、顔料を扱いなれた日本画家のみなさんは、「壁画に変色なし」と太鼓判をおされた。

他に証拠がないのかと申しますと、『竹取物語』が参考になるかもしれません。物語によると、かぐや姫にプロポーズした五人の色好みのなかに、石上麻呂が含まれています。物語中の麻呂は、姫の無理難題にこたえようとして、ツバメの巣にある南海産の子安貝を採ろうとしますが、屋根から転落して、間もなく亡くなります。高松塚の人骨も、レントゲン撮影の結果、首の骨がズレていて、しかも病床に臥してから二週間以内に死んだことが、わかっています。偶然とは思えない、不思議な一致ですね。実在の麻呂は、どこか高いところから転落し、それがもとで亡くなったのでしょう。平安時代になっても、貴族社会では、麻呂の不慮の事故死が記憶されていたらしい。そこで『竹取物語』のキャスティングのさい、ツバメの巣の子安貝を探すのは、ほかの公達ではなく麻呂と決まった、と想像したくなります。

なお、猪熊兼勝《いのくまかねかつ》先生（京都橘大学教授）は「キトラ古墳は臣下のごとき者の墓ではない」と断定し、高市皇子などを推しておられる。けれど、高松塚が皇族ではなく、左大臣（総理大臣）石上麻呂の墓なら、キトラ古墳もやはり政府高官、つまり右大臣・阿倍御主人《あべのみうし》の可能性が強まるのではないでしょうか。白石太一郎先生（当時国立歴史民俗博物館）が説いておられるとおりですね。

もう一つお尋ねの星宿図については、有坂隆道《ありさかたかみち》先生（関西大学）の明快な「治天下のシンボル」説があります。古代中国では、星宿図は「治天下（天下統治）」のシンボルと見なされ、皇帝と皇族にしか許されなかった。先生によると、時代は、ヘアモードからみて、天武朝の末年（六八五年前後）。そこで「高松塚の主は天智・天武両天皇の弟、蚊屋皇子《かやのみこ》がふさわしい」と説かれました。しかしその後、中国で唐代の壁画古墳がたくさん見つかり、星宿図は唐朝の政府高官にも許されていたことが、明らかになっています（『世界の美術大全集4・隋唐』小学館）。

前方後円墳の壺形起源説は妥当か

西川――それでは、私から岡本先生に質問をよろしいでしょうか。前方後円墳の壺形起源説は、古くて非常に新しい問題だと思っています。私も一〇年前に河南省鄭州に壺形の墳墓があるということで見に行きました。しかし、壺形とは違いました（**図56**）。

今、考古学で古墳を壺形とする場合、残念だと思うことととして、この時期の壺の形とバチ形にひらく前方後円墳の形が共通しないことです。たとえば、伊都国王墓や沖ノ島の報告書を刊行された原田大六《はらだだいろく》さんが引用した壺も弥生時代後期の壺ではなく、おそらく近畿の弥生時代中期の壺だと思います。古墳と神仙思想を関連づけられる方の中にも、弥生時代中期の壺と対比される方がおります。それでは時期が二〇〇年以上あいません。

弥生時代終末期から古墳時代初頭の近畿の壺はまったく別の形です。たとえば、ホケノ山古墳（**図33、一一一ページ参照**）には木槨の上にたくさんの壺が供えられていました。これらの壺は頸が短く直立ぎみで口縁を折り返す形です（**図57**）。あるいは体部が球形にならず、ややたまねぎ形で直立する長い頸をもつ壺もあります。

岡本――私は「歴史考古学の専攻」と自称していますが、土器についてくわしく勉強したことがありません。これまでも「君の言うことはおもしろいけれど、土器の勉強をしなさい」と、何人もの先生方から親切な忠告を受けましたが、いまもって土器についてお話しする資格がありません。

ただ、前方後円墳の起源論にかかわっていらい、古墳発生前後の壺には注目してきました。一九九九年秋、奈良県立橿原考古学研究所附属博物館の秋季特別展『古墳のための年代学』で、弥生時代末期から古墳時代初期の土器がずらっと並べられました。そのなかに、原田先生

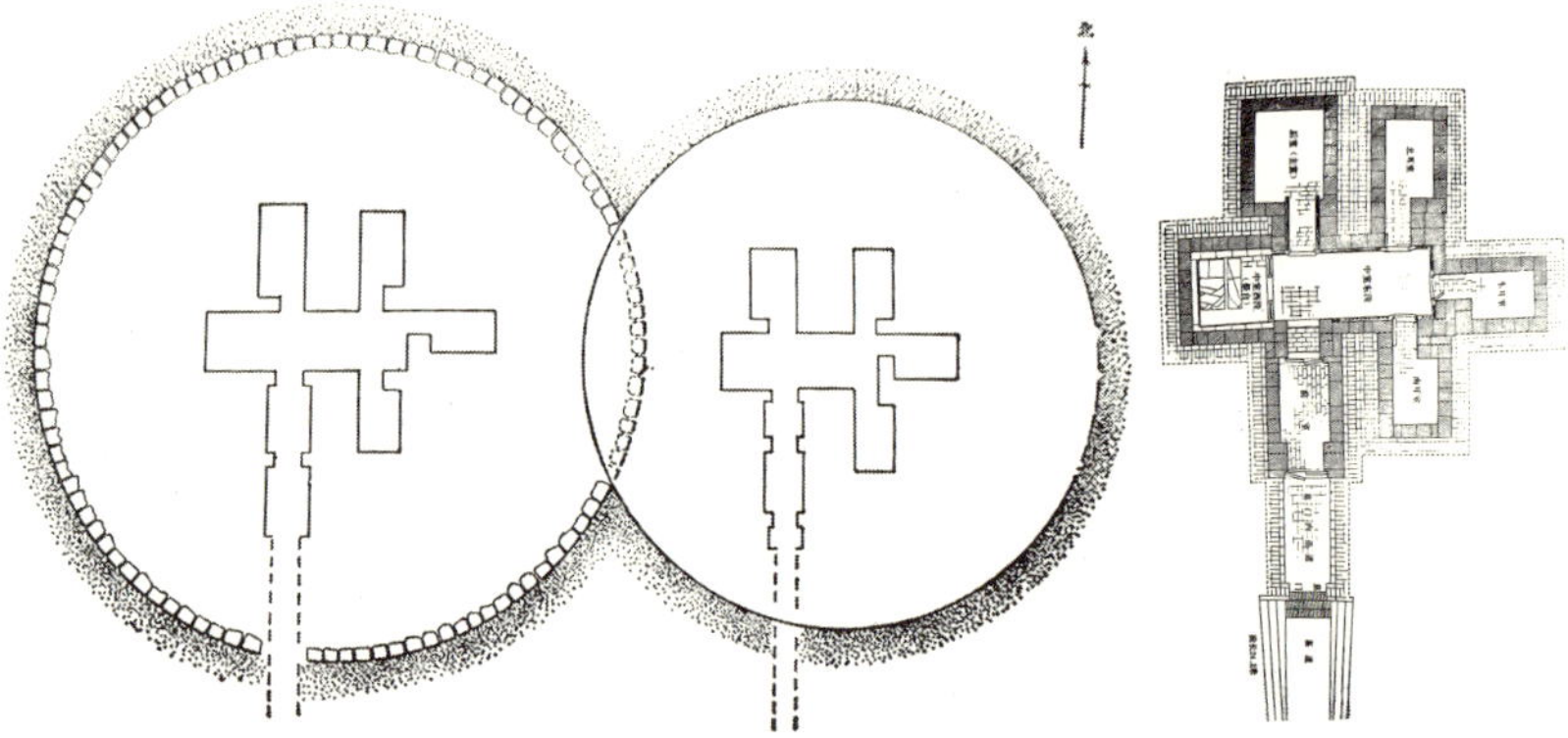

図 56　河南省打虎亭漢墓

があげられたのと同じような長頸壺や、やや寸づまりの広口壺、小ぶりの細頸壺がありました（図58）。たしか唐古・鍵遺跡や纒向遺跡出土と書かれていて、「やはり、あった」と安堵した覚えがあります。

　じつは、二〇年ほど前（一九八六年）、毎日新聞の元日特集で「前方後円墳の謎―正体は不老長寿の仙境・蓬莱山だった」をまとめましたとき、佐原真《さはらまこと》先生（当時奈良国立文化財研究所）からも、同じご注意を受けました。「このころの壺のかたちは二重口縁といって、口縁部を折り返している。じっさいに箸墓古墳のようなかたちの壺を見せなければ、考古学者は納得しないよ」と。その後、水野正好先生からも、フォーラムの席でご

図 57　奈良県ホケノ山古墳出土の二重口縁の壺形土器

図 58　纒向遺跡出土の細頸壺と土器群（纒向 2・3 式）

指摘がありました。

もちろん、箸墓古墳の縮図のような土器があれば、最高ですし、モデルになる壺が立派なものに越したことはありませんが、「これが設計図になった壺です」と、実物をもってこなくとも、壺の形をしていて、当時の人びとに「壺だ」と認められるものであれば―まだ見ぬ「後代の壺」では困りますが、かつてあった「前代の壺」ならばよろしいのでは、と考えます。いわば「壺のイデアル・ティプス（理念型）」ですと、かつて水野先生にお答えしたことを思い出しました。

〔追記〕　その後刊行された大阪府文化財センター編『古代土師器の年代学』（二〇〇六年）には、たしかに古墳発生期の長頸壺は見当たらない。そこで弥生時代中・後・終末期の長頸壺の様相を見るため、橿原考古学研究所編『奈良県の弥生土器集成』（二〇〇三年）のなかから唐古・鍵遺跡の長頸壺・（広口）細頸壺を中心に選び、時期別に並べ集成図（**図59**）をつくった。

図版のなかのローマ数字（Ⅱ～Ⅵ）は、奈良県の弥生土器を編年するため、六様式に分けたもの（Ⅰは省略）で、大和第Ⅵ様式などの略。次のアラビア数字は、各様式を細分したものである。

神仙思想と中国の墓

西川――もうひとつ、中国では壺形のお墓はあるのですか。

岡本――一九七八年秋、ちょうど稲荷山古墳の鉄剣銘が発見された直後、大庭《おおば》脩《おさむ》先生（当時関西大学教授）のお供をして中国に行きました。そのときに、明十三陵の入口の長大な説明板に、前方後円形の墳丘（陵域？）とおぼしきものが描いてありました。前方後円墳に見えましたので、ドキッとしたのですが、時代もはるかに下りますから、もちろん関係がないでしょう（**図60**）。

森浩一先生は、後漢末期の打虎亭《だこてい》漢墓の形が前方後円形に見えたので、「これこそ倭の前方後円墳の起源ではないか」と色めかれた。他にも注目された考古学者が何人かおられましたが、網干善教《あぼしよしのり》先生（当時関西大学）らは否定されました。なかなか前方後円墳の祖型が見つからないものですから、古代史の山尾《やまお》幸久《ゆきひさ》先生（立命館大

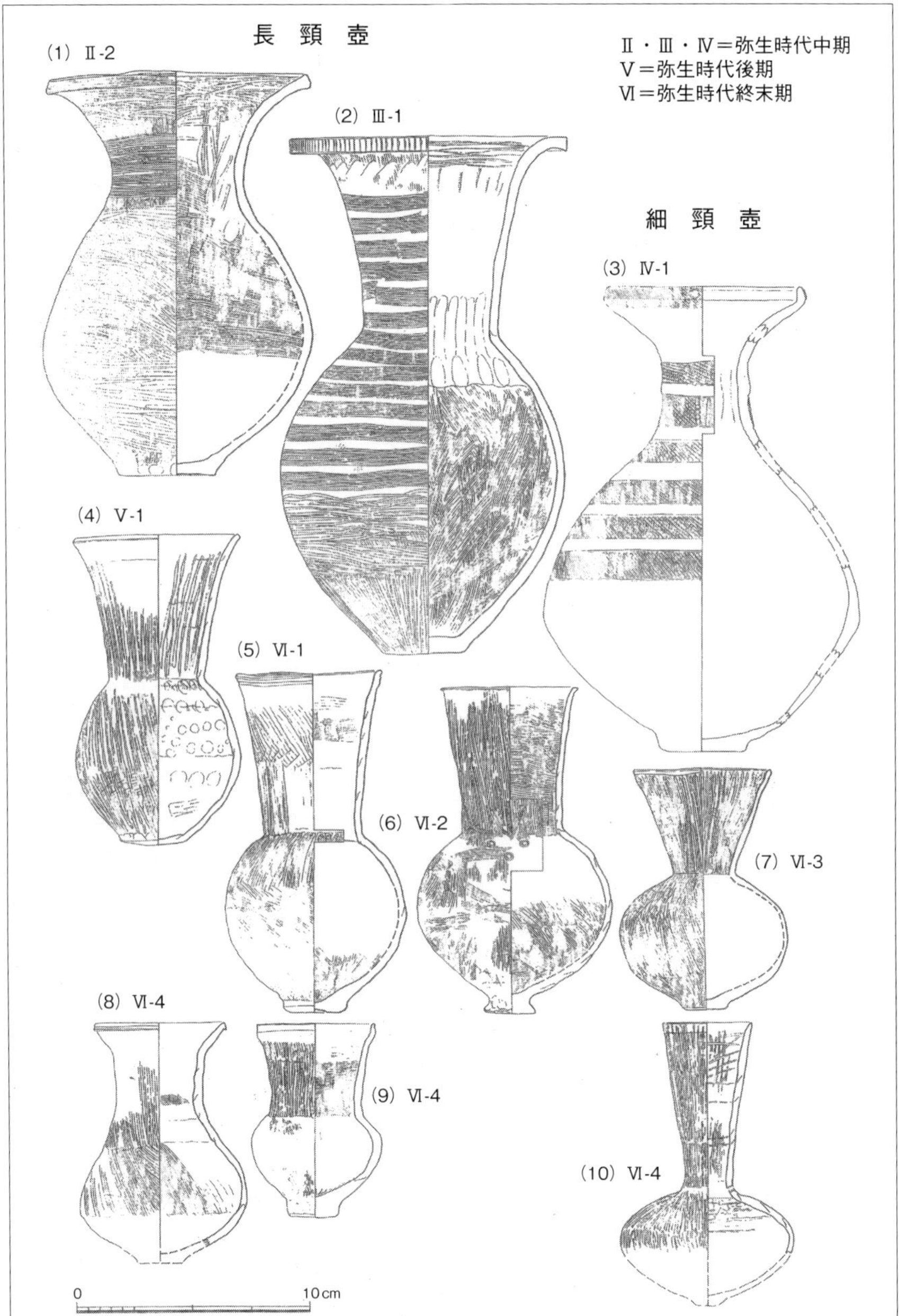

図 59　弥生時代各期の長頸壺と細頸壺（奈良県唐古・鍵遺跡を中心に）

学名誉教授）は、『魏志』の記事を見て、「倭人たちも魏の新しい祭祀の仕方にならって、円丘と方丘を合わせた前方後円墳を創祀した」と提案された。けれども、のちに撤回されています。

こんな次第で、先達のみなさんのご苦心にもかかわらず、中国では祖型は発見されなかった。典型的な前方後円形でなくともいい、壺型の古墳でもあれば、前方後円墳の起源問題はとっくに解決していたはずですね。

ならば、次善の方法として図像資料を探すほかありません。山東省の沂南《ぎなん》画像石墓（二〇〇〇年頃）は、一九五六年に報告書が出ていらい有名で、京都大学人文科学研究所の林巳奈夫《はやしみなお》先生や小南一郎《こみなみいちろう》先生が早くから解読を進めてこられました。私も、蓬莱山が蓬壺であることに気づいたとき、まっさきにお二人の本にある沂南画像石墓の図像を連想しました。先ほどからお話ししています西王母と東王父の図像ですね（**図52、一七五ページ参照**）。山字型（三ロフラスコ型）の台または柱の上に座っているのですが、この台または柱について、林先生は「天柱」と解かれ、小南先生は崑崙山と「（蓬莱山などの）三神山」に見立てられた。一つひとつが細長い壺、ややデフォルメした長頸壺に見えましたので、私は小南先生にしたがって、「これこそ壺型の崑崙山と蓬莱山にまちがいない」と確信したしだいです。

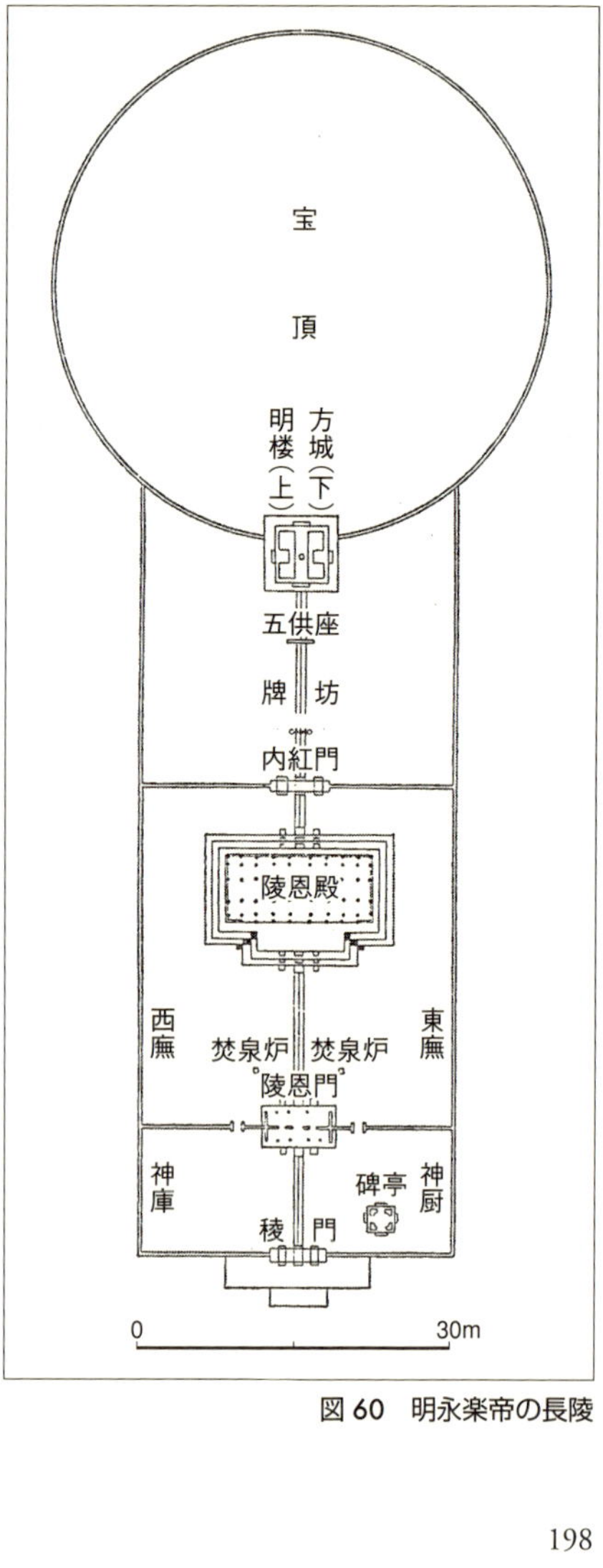

図60　明永楽帝の長陵

一〇年たったころから、蓬莱山説に同調してくださる方が増えてきましたが、残念ながら、どなたも沂南画像石にまさる壺型蓬莱山の図像の例を示してくださらなかった。ただ一人、西川さんだけが、アメリカのフリーア美術館などの宝飾鏡に蓬莱山と神仙の図像を見出された。

卑弥呼の時代、画文帯神獣鏡や三角縁神獣鏡に彫られた神仙像のほかに、沂南画像石のような蓬莱山と東王父の図像も伝えられていた。卑弥呼らは、これらの図像によって「不老長寿の神仙たちが棲む蓬莱仙境」を知り、また、それを手本にして、細長い壺型古墳をつくるに至ったのではないでしょうか。それなら、厳密に卑弥呼時代の長頸壺を探す義務を免責されるかもしれない、と考えます。

これも単なる想像や願望ではいけないので、間接的な証拠として漢風の「楼閣図」をあげておきます。「禹余粮」と同じ唐古・鍵遺跡から一足先に一九九二年、出土したもので細頸壺（一世紀）の破片に二層の屋根と梯子、鳥（〜型）、蕨手《わらびで》（渦巻き）型の軒先飾りが描かれています（図19、五八ページ参照）。じつは、これとよく似た図柄の金銅製棺金具が、中国・四川省の古墳（一、二世紀）からも出土するのです（図61）。屋根の描線も、飛鳥も、蕨手にかわる雲気文も、そっくり。こちらは「天門（神仙世界のゲート）」と分かっていますが、おそらくこれに類した図像が大和に伝わったはずです。同様に、「壺型の蓬莱山」図も入ってきた、と考えたいのです。

図61　中国・四川省巫山県出土の「天門」図（青銅）

西川――今、お話がありました河南省鄭州の打虎亭漢墓に私も行ってきました。側面から見ると前方後円墳そっくりですが、非常に立派な磚室を二つもつ壁画墓です。二つの円が並んで、それぞれに二つの墓室がある墓でした。壺形ではなかったです。古くに撮られた地上写真では前方後円形に見えるのですが、違っていました。

司会――時間がまいりましたので、残念ですが、これで二日間にわたる討論を終了したいと思います。みなさん、ありがとうございました。

挿図出典

巻頭図版

1　黒塚古墳出土三角縁神獣鏡：国〈文化庁〉保管、奈良県立橿原考古学研究所編（一九九九）『黒塚古墳調査概報』学生社より

2　黒塚古墳出土三角縁神人龍虎画像鏡（上）：国〈文化庁〉保管、奈良県立橿原考古学研究所編（一九九九）『黒塚古墳調査概報』学生社より（撮影阿南辰秀）
鏡の出土状況（下）：奈良県立橿原考古学研究所（撮影阿南辰秀）

3　鎏金画紋帯四獣鏡（個人蔵、撮影西川）

4　箸墓古墳：桜井市教育委員会

本文図版（＊は西川と片岡寛子による作図）

図1　黒塚古墳全景：奈良県立橿原考古学研究所編（一九九九）『黒塚古墳調査概報』学生社より

図2　黒塚古墳の鏡副葬状況　＊

図3　オオヤマト古墳群分布図　＊

図4　黒塚古墳の三角縁神獣鏡と画文帯神獣鏡：国〈文化庁〉保管、奈良県立橿原考古学研究所編（一九九九）『黒塚古墳調査概報』学生社より

図5　雪野山古墳の鏡副葬状況　＊

図6　神原神社古墳の鏡副葬状況　＊

図7　雪野山古墳副葬の壺形土器：八日市市教育委員会（一九九六）『雪野山古墳の研究』より

図8　那珂八幡古墳　＊

図9　奥三号墳と出土の三角縁神獣鏡（撮影西川）　＊

図10　鴨都波古墳：御所市教育委員会
図11　鴨都波古墳　＊
図12　藤崎六号方形周溝墓　＊
図13　「中平□年」銘鉄刀と「辛亥年」銘鉄剣　＊
図14　纒向石塚　＊
図15　『三国志』南宋紹熙刊本
図16　『三国志』に記された国々と戸数　＊
図17　倭国・女王国・大率の領域と国々（作図水野）
図18　埴輪に刻まれた外洋構造船と大阪湾の津（作図水野）
図19　唐古・鍵遺跡出土の望楼を刻んだ土器片：田原本町教育委員会
図20　中国出土の貨泉（個人蔵、撮影西川）
図21　卑弥呼の王宮想定図：文物出版社（一九六三）『考古』一九六三―九より（作図水野）
図22　佐賀県吉野ヶ里遺跡の中枢施設　＊
図23　島根県神原神社古墳出土鏡とその銘文拓本：加茂町教育委員会〈二〇〇二〉『神原神社古墳』より
図24　奈良県田原本町の鏡作坐天照御魂神社（撮影西川）
図25　新発見の三角縁九神三獣鏡片とその同笵鏡（上：九州国立博物館保管・撮影西川、下：名古屋市博物館蔵）
図26　外縁が三角縁の方格規矩鏡・龍虎鏡（個人蔵、撮影西川）
図27　三角縁龍虎鏡・三角縁神人龍虎画像鏡：国〈文化庁〉保管、奈良県立橿原考古学研究所編（一九九九）『黒塚古墳調査概報』学生社より（撮影阿南辰秀）
図28　神獣鏡の東王父と西王母、求心式神獣鏡・二神二獣鏡（個人蔵、撮影西川）
図29　三角縁神獣鏡の型式変化：新納泉（一九九一）「権現山鏡群の型式学的位置」『権現山五一号墳』権現山五一号墳刊行会より（作図西川）

図30　地域別前方後方墳数：奈良県立橿原考古学研究所編（二〇〇四）「前方後方墳一覧」『前方後方墳』より（作図西川）
東国最大の前方後方墳：『前橋市史』1（一九七一）より
図31　下池山古墳　＊
図32　新山古墳周辺の従属埋葬　＊
図33　ホケノ山古墳主体部の石囲木槨　＊
図34　『摂津名所図会』にある森田武蔵守の鏡屋：『摂津名所図絵』（一七九八）より
図35　古文書に記された鏡の製作技法・工具（a〜e）：『御鏡仕用之控書』（一七三六）より
「菊田美作守」銘の鏡と発掘された鋳型片（f〜i）（個人蔵、採拓西川）
図36　鏡屋の広告にある「森田武蔵守」の住所：『難波丸項目』（一七四八）より
図37　石上神宮に奉納された「森田武蔵守」銘鏡：石上神宮（一九二九）『石神神宮宝物誌』より
図38　ホケノ山古墳　＊
図39　ホケノ山古墳出土の銅鏃：奈良県立橿原考古学研究所編（二〇〇一）『ホケノ山古墳調査概報』学生社より
図40　環状乳神獣鏡（a）とその仿製鏡（b・c）と仿製鏡の仿製鏡（d〜f）（作図西川）
図41　安満宮山古墳の鏡副葬状況：高槻市教育委員会（二〇〇〇）『安満宮山古墳』より（作図西川）
図42　奈良県箸墓古墳と伝崇神天皇陵古墳　＊
図43　三角縁神獣鏡のモデルになった宝飾鏡の例（個人蔵、エックス線写真撮影西川）
図44　宝飾鏡（貼金銀神獣鏡）の作成想定図（作図西川）
図45　戦国式鏡・秦式鏡・前漢式鏡（a山字紋鏡　b戦国式連弧紋鏡　c鳳凰紋鏡　d星雲鏡　e異体字銘帯鏡　f前漢式方格規矩鏡）（個人蔵、撮影西川）
図46　平彫式鏡・線彫式鏡（a連弧紋鏡　b八鳳鏡　c獣首鏡　d線彫式四獣鏡　e線彫式七獣帯鏡　f方格規矩鏡）（個人蔵
撮影西川）
図47　半肉彫式鏡・唐式鏡（a龍虎鏡　b飛禽鏡　c半肉彫四獣鏡　d画紋帯同向式神獣鏡　e画紋帯環状乳神獣鏡　f海獣葡

菊鏡）（個人蔵、撮影西川）
図48　洛陽晋墓副葬鏡にみる古物の再利用：河南省文物工作隊他「洛陽晋墓的発掘」『考古学報』一九五七―一、科学出版社より
図49　中国の銅銭（個人蔵）
図50　箸墓古墳：桜井市教育委員会
図51　箸墓古墳と出土土器：奈良県立橿原考古学研究所編（一九九七）『下池山古墳　中山大塚古墳調査概報』学生社より
図52　蓬莱山のイメージ（山東省沂南画像石墓の壁画）：南京博物院・山東省文物管理処編（一九五六）『沂南古画像石墓発掘報告』より
図53　三角縁神獣鏡の各部名称：大阪府立近つ飛鳥博物館（一九九五）『鏡の時代』より
図54　唐古・鍵遺跡出土禹余粮：田原本町教育委員会
図55　中国では出土例のない舶載鏡群　a群馬県蟹沢古墳出土　b伝奈良県ホケノ山古墳出土　c伝奈良県出土　d兵庫県ヘボソ塚古墳出土（作図西川）
図56　河南省打虎亭漢墓：河南省文物研究所（一九九三）『密県打虎亭漢墓』文物出版社より
図57　奈良県ホケノ山古墳出土の二重口縁の壺形土器：奈良県立橿原考古学研究所編（二〇〇一）『ホケノ山古墳調査概報』学生社より
図58　纒向遺跡出土の細頸壺と土器群：奈良県立橿原考古学研究所附属博物館（一九九九）『古墳のための年代学』より
図59　弥生時代各期の長頸壺と細頸壺：奈良県立橿原考古学研究所（二〇〇三）『奈良県の弥生土器集成』より
図60　明永楽帝の長陵：『明長陵』（一九三三）より
図61　中国四川省巫山県出土の「天門」図：重慶巫山県文物管理所（一九九八）「重慶巫山県東漢鎏金銅牌飾的発現與研究」『考古』一九九八―一二より
表1　三世紀に副葬・廃棄された鏡（作表石野）
表2　三世紀中葉の神獣鏡とその他の後漢式鏡（作表石野）

表3　三角縁神獣鏡の銘文（作表水野）
表4　「以死す」の訓み方（作表岡本）
表5　正始八・九年の倭国をめぐる情勢（作表岡本）
表6　鯀と卑弥呼の共通点（作表岡本）
表7　「以死」の具体例（作表岡本）
表8　卑弥呼の大冢と百襲姫の箸墓古墳（作表岡本）

あとがき

三角縁神獣鏡と邪馬台国をめぐっての議論は、ますます深化してゆくであろうことは想像に難くありません。今後も新たな発掘によって三角縁神獣鏡が発見される可能性は非常に高く、それらの発見と成果に対し、本書は明快な説を提示して対抗することができたと思います。

水野先生は『魏志』倭人伝に記された卑弥呼の「銅鏡百枚」の行方について、卑弥呼の死後も長期間保管され、崇神天皇の頃、つまりヤマト政権になってから分配と副葬がはじまった三角縁神獣鏡、という論です。

岡本先生も卑弥呼の「銅鏡百枚」を三角縁神獣鏡と認め、さらに卑弥呼の墓を奈良県箸墓古墳とし、鏡と墓の双方に神仙思想との関係が濃いことを強調されました。古墳の発生と三角縁神獣鏡の副葬から卑弥呼の戦略までを読み説くものです。

私は卑弥呼の「銅鏡百枚」に三角縁神獣鏡が含まれるものの、卑弥呼には特別な宝飾鏡が与えられ、三角縁神獣鏡は臣下の鏡と考えています。卑弥呼のための鏡を魏の都で作ったとしても、三角縁神獣鏡の製作は魏の最前線だった楽浪郡（帯方郡）地域と考える説です。三角縁神獣鏡に神仙思想は認めません。

これに対し、石野先生は三角縁神獣鏡の副葬年代が卑弥呼の死後で、卑弥呼とのかかわり、つまり卑弥呼の「銅鏡百枚」とのかかわりが薄いことを強調されました。単なるまじないの道具ではなかったのか、と。

このように、それぞれが対極的な論を展開して「三角縁神獣鏡の行方」を占いながら、二一世紀の考古学を明快にしていけることはすばらしいことだと思います。

末筆ながら、水野先生におかれましては、奈良大学学長をご退職なされることとなりました。ご講演でも、これからは自由な立場でさらに研究を深化されるとおっしゃられました。先生のご退職をお祝い申し上げますとともに、今後ともかわらぬ研究のご指導・ご鞭撻をお願いいたします。

西川寿勝

平成一八年一月

刊行にあたって

奈良歴史地理の会は平成五年四月に、歴史や地理に興味をもつ中高年の人びとによって組織され、現在に至っています。若かりし日の学問に対する情熱を再燃させ、第二の人生をスタートさせた人びとの集いであります。会では講義を中心に、古文書を読み下したり、各地の遺跡や名勝を見学する活動も実施してまいりました。

講義は一年に一六回、通算で二〇〇回近くに及び、第一線で専門研究をされている有名な講師の方々のお世話になっています。テーマは「古墳の世紀」「古代宮都の変遷」「戦国時代と社寺勢力」「近世社会の諸相」「水運の歴史」「瀬戸内海の歴史地理」「東西文明の交流」「伝統芸能の形成」など多彩です。なかでも、考古学関連の講義は人気が高く、「奈良」の土地柄と思っています。今日まで幅広い分野での生涯教育を活発化させ、実をあげていると考えています。

このたび、この奈良歴史地理の会が主催しました討論をもとに、最新の三角縁神獣鏡、邪馬台国、前方後円墳などの研究成果が刊行される運びとなりました。二日間にわたる討論はそれぞれ三〇〇名程度の聴講があり、大きな盛り上がりをみせ、楽しいお話を拝聴することができました。

邪馬台国関連の研究はこれまでに多くの研究者が議論を重ねてきましたが、考古学と古代史両方の立場から明快な論を進めてこられた水野正好先生に討論の中心となっていただきました。

水野先生は奈良大学学長の要職を経て、平成一七年三月末、七〇歳をむかえられたことを期にご退職、名誉教授になられました。討論は水野先生にとって、奈良大学時代の最終、締めくくりのご講演となりました。

先生は飾り気のない磊落なお人柄のもと、わかりやすい考古学を標榜され、多くの人びとを魅了してこられました。先生を慕い集まる同学、同好の士が多いことは周知の事実であります。

今回の討論と刊行はまさに水野先生の邪馬台国研究の集大成が凝縮されており、最新の研究をまじえ、わかりやすく解説された好著であります。

加えて、徳島文理大学教授で奈良県香芝市二上山博物館長の石野博信先生をお招きし、大阪府教育委員会文化財保護課の西川寿勝先生、京都学園大学教授の岡村健一先生にもご協力を仰ぎました。奈良歴史地理の会として、このような大きなテーマを議論する場を催すことができたことは嬉しい限りであります。本書が邪馬台国や三角縁神獣鏡にかかわる論争に一石を投じるものとなることを念じてやみません。

末筆ですが、二五年間にわたる奈良大学でのご活躍を終えられ、退職をむかえられた水野正好先生を心よりお祝いいたします。そして、さらなる研究を発展されますことを祈念申し上げます。

平成一八年一月吉日

奈良歴史地理の会代表　野崎清孝

執筆者紹介（執筆順）

石野博信（いしの・ひろのぶ）
1933年宮城県生まれ。関西大学大学院修了。奈良県立橿原考古学研究所副所長をへて現在、徳島文理大学文学部教授・香芝市二上山博物館館長・兵庫県立考古博物館館長。
主な著作に『纒向』（共著）桜井市教育委員会、『古墳文化出現期の研究』学生社、『古墳時代史』雄山閣、『邪馬台国の考古学』吉川弘文館、『邪馬台国の候補地・纒向遺跡』新泉社などがある。

水野正好（みずの・まさよし）
1934年大阪府生まれ。大阪学芸大学文学部卒。滋賀県教育委員会、大阪府教育委員会、文化庁記念物課、奈良大学文学部教授、学長をへて現在、大阪府文化財センター理事長。
主な著作に『弥生文化の研究』9・10巻（共著）雄山閣、『古墳時代の研究』3巻（共著）雄山閣、『邪馬台国と安満宮山古墳』（共著）吉川弘文館などがある。

西川寿勝（にしかわ・としかつ）
1965年大阪府生まれ。奈良大学文学部卒。大阪府教育委員会文化財保護課。
主な著作に『三角縁神獣鏡と卑弥呼の鏡』学生社、『鏡にうつしだされた東アジアと日本』（編著）ミネルヴァ書房、『考古学と暦年代』（編著）ミネルヴァ書房、『古鏡探照』（編著）新風書房、『継体天皇　二つの陵墓、四つの王宮』（共著）新泉社などがある。

岡本健一（おかもと・けんいち）
1937年京都府生まれ。京都大学文学部卒。毎日新聞学芸部長・論説委員、特別編集委員、京都学園大学教授をへて現在、毎日新聞客員編集委員。
主な著作に『邪馬台国論争』講談社、『発掘の迷路を行く』（上・下）毎日新聞社、『「日本」誕生のなぞ』大日本図書、『蓬莱山と扶桑樹―日本文化の古層の探究』思文閣出版などがある。

野崎清孝（のざき・きよたか）
1923年石川県生まれ。早稲田大学文学部卒。奈良歴史地理の会代表。奈良大学名誉教授（地理学）。
主な著作に『村落社会の地域構造』海青社などがある。

〈イラスト〉
片岡寛子（かたおか・ひろこ）
1984年広島県生まれ。イラストレーター。歴史漫画、博物館の展示パネル作成を勉強中。主に同人誌などで活躍。

三角縁神獣鏡《さんかくぶちしんじゅうきょう》・邪馬台国《やまたいこく》・倭国《わこく》

2006年11月15日　第1版第1刷発行
2009年 6月15日　第1版第2刷発行

著　者＝石野博信・水野正好・西川寿勝・岡本健一・野崎清孝
監　修＝奈良歴史地理の会
発行者＝株式会社 新 泉 社
東京都文京区本郷2－5－12
振替・00170－4－160936番　TEL03（3815）1662／FAX03（3815）1422
印刷／萩原印刷　製本／榎本製本

ISBN978－4－7877－0607－2　C1021

西川寿勝・森田克行・鹿野塁 著
継体天皇 二つの陵墓、四つの王宮
ISBN978-4-7877-0816-8

現在の天皇家につながる最初の天皇となった継体は6世紀の初め、越前国からやってきて即位したが、すぐに大和へ入ることはできなかった。その陵墓である今城塚や周辺地域の発掘成果から謎に迫る。
A 5判／244頁／2300円＋税

西川寿勝・相原嘉之・西光慎治 著
蘇我三代と二つの飛鳥
近つ飛鳥と遠つ飛鳥
ISBN978-4-7877-0907-3

蘇我系天皇の陵墓が造られた「近つ飛鳥」、宮殿が次々と建てられた「遠つ飛鳥」。蘇我氏と蘇我三代（馬子・蝦夷・入鹿）の興隆と滅亡を蝦夷の邸宅跡などの発掘された最新の考古学調査の成果を踏まえて語る。
A 5判／256頁／近刊

佐々木憲一 著
未盗掘石室の発見・雪野山古墳
シリーズ「遺跡を学ぶ」008
ISBN978-4-7877-0438-2

琵琶湖の東南部に位置する雪野山の山頂から古墳時代前期の未盗掘の竪穴式石室が発見された。出土した三面の三角縁神獣鏡ほかの副葬品から、埋葬された首長の性格、ヤマト王権との関係などを明らかにする。

A5判／96頁／1500円＋税

長嶺正秀 著
筑紫政権からヤマト政権へ・豊前石塚山古墳
シリーズ「遺跡を学ぶ」022
ISBN978-4-7877-0632-4

瀬戸内海に面し、北部九州で最大、最古の前方後円墳。その被葬者はヤマト政権と密接な関わりをもち、大陸へのルートを確保する役割を担っていた。その姿を古墳と副葬された三角縁神獣鏡から解き明かす。

A5判／96頁／1500円＋税

河上邦彦 著
大和葛城の大古墳群・馬見古墳群
シリーズ「遺跡を学ぶ」026
ISBN978-4-7877-0636-2

奈良盆地西部の馬見丘陵に、4世紀末から6世紀にかけて築かれた、巣山・新木山・築山古墳などの大王級の古墳を中心とした250基を超える大古墳群。天皇家と葛城氏の興亡を背景とした古墳群の盛衰を語る。

A5判／96頁／1500円＋税

前園実知雄 著
斑鳩に眠る二人の貴公子・藤ノ木古墳
シリーズ「遺跡を学ぶ」032
ISBN978-4-7877-0732-1

奈良県斑鳩町・法隆寺のすぐ近くに営まれた大円墳。石室には華麗な馬具が納められ、千年以上の時を経て開かれた朱塗りの石棺には、豪華な副葬品に包まれて二人の人物が眠っていた。この二人は誰なのか。

A5判／96頁／1500円＋税

清水眞一 著
最初の巨大古墳・箸墓古墳
シリーズ「遺跡を学ぶ」035
ISBN978-4-7877-0735-2

大和平野東南部の聖なる山・三輪山の麓、大和政権発祥の地に築かれた箸墓古墳は築造当時（三世紀）最大の墳墓であった。最初の巨大古墳がなぜ、この地につくられたのか。本当に卑弥呼の墓なのか。

A5判／96頁／1500円＋税

千賀 久 著
ヤマトの王墓・桜井茶臼山古墳・メスリ山古墳
シリーズ「遺跡を学ぶ」049
ISBN978-4-7877-0839-7

奈良盆地の東南・磐余（いわれ）の地に、東へと向かう道を見すえるように築かれた桜井茶臼山古墳、その南方に巨大埴輪を立て並べて築かれたメスリ山古墳。初期ヤマト王権の中でどのような位置をしめるのか。

A5判／96頁／1500円＋税

石野博信 著
邪馬台国の候補地・纒向遺跡
シリーズ「遺跡を学ぶ」051
ISBN978-4-7877-0931-8

奈良県・三輪山の麓に広がる纒向（まきむく）遺跡。二世紀末に突然あらわれ、四世紀中頃に突然消滅したこの大きな集落を、祭祀場跡や大溝、東国や西国からやってきた人びとの痕跡、纒向型古墳などから追究する。

A5判／96頁／1500円＋税